ÉTUDES MONTAIGNISTES
19

Montaigne
L'éveil de la pensée

Cet ouvrage a été publié pour la première fois en 1995 dans la collection
Études montaignistes dirigée par Claude Blum.

Jean-Yves Pouilloux

Montaigne

L'éveil de la pensée

PARIS
CLASSIQUES GARNIER

Jean-Yves Pouilloux, professeur émérite de l'université de Pau et des Pays de l'Adour, est spécialiste de la littérature de la Renaissance, et plus particulièrement de l'œuvre de Michel de Montaigne, dont il a renouvelé l'approche. Nous lui devons, entre autres, *Lire les Essais de Montaigne* (Paris, 1969). Il a élargi son champ d'étude à la littérature du XXe siècle (Georges Pérec, Jean Paulhan, Nicolas Bouvier).

Réimpression de l'édition de Paris, 1995.

ISBN 978-2-406-14443-4 (livre broché)
ISBN 978-2-8124-5611-4 (livre relié)
ISSN 0986-492X

Prenant brutalement conscience du temps qui passe, je me décide aujourd'hui à réunir certaines des études que j'ai consacrées à l'oeuvre qui accompagne ma vie depuis bien longtemps, *les Essais de Michel de Montaigne.* Un premier texte a été écrit il y a plus de vingt ans. Moi alors et moi aujourd'hui sommes bien deux, et j'aurais beaucoup de présomption à corriger un écrit ancien au nom d'une opinion qui serait meilleure d'être actuelle. Relisant ces pages familières et lointaines, j'y retrouve une verdeur, une alacrité qui me semblent résonner comme un emportement juvénile, une fougue qui m'ont quitté avec les années. C'est aussi que j'essayais alors de faire entrer un peu d'air vif dans un milieu confiné et dormant ; une certaine verve polémique, des formules frappantes correspondaient à un certain combat. Je ne les renie pas, mais elles sont devenues moins nécessaires aujourd'hui, les études montaignistes moins engoncées dans le carcan lénifiant qui était le leur. Le Montaigne aimable, dispensateur d'une sagesse souriante, a laissé peu à peu la place à un éveilleur, souvent provocateur, qui dérange au moins autant qu'il apaise et qui incite à se poser des questions plus qu'il ne fournit des réponses. Peut-être est-ce cela qu'on appelle, sans mesurer toute l'ampleur de ce que cela signifie, un maître à penser, à savoir un homme qui nous raconte les illusions et les certitudes qu'il lui a fallu perdre, les blessures et les deuils qu'il lui a fallu accepter pour se trouver enfin devant une évidence dévastatrice et féconde, celle d'avoir à se mettre à penser en chaque occasion comme si l'on s'éveillait d'un songe de somnambule auquel l'habitude nous fait attribuer la consistance de la réalité.

C'est à quoi je n'avais sans doute pas suffisamment été sensible moi-même, trop absorbé que j'étais par la quête d'une logique de la pensée. Cette préoccupation, légitime d'ailleurs, m'avait conduit à porter une attention trop exclusive au versant critique des *Essais*, à accompagner avec délectation l'entreprise de démolition ironique qui s'y exerce en effet contre les illusions et les croyances, contre la présomption. Mais du même mouvement, mon propre désir de pureté dessinait sans le savoir un continent habité par la vérité et d'où les équivoques pourraient être absentes. Même si je n'allais pas tout à fait jusque-là, c'est, me semble-t-il aujourd'hui, vers cet horizon que se dirigeait *Lire les Essais*. Il m'a fallu de nombreuses années pour comprendre, à la fois dans les *Essais* et dans ma propre vie, que c'est dans la réflexion au présent que peut se mettre en pratique un certain rapport au vrai et qu'il est sans cesse à éprouver de nouveau, à essayer, puisqu'il est sans cesse menacé à notre insu par notre soif inextinguible de certitude. Ce que j'avais d'abord lu comme une critique intellectuelle relativement distante m'apparut sous un jour nouveau : l'activité de penser se lesta d'une gravité vitale en même temps que j'y percevais paradoxalement une alacrité joyeuse, j'étais de plus en plus sensible à l'extraordinaire énergie qui anime les phrases, les interrompt, les reprend ou les retourne, à l'obstination avec laquelle Montaigne ne lâche son gibier que pour mieux le surprendre, et, le cas échéant, se surprendre avec lui. "Nous ne sommes hommes, et ne nous tenons les uns aux autres que par la parole". C'est aussi par la parole que nous pouvons nous relier à l'expérience. Il m'a fallu toutes ces années pour me convertir à cette évidence que le monde est là, que nous en faisons partie, mais que nous en sommes séparés par l'idée que nous nous en formons, par la représentation que nous nous formons de nous-mêmes. Penser prit soudain un sens que cela n'avait pas auparavant, celui de s'éveiller à la réalité, de "voir les choses comme elles sont". Il m'a fallu l'aide de la tradition orientale et la lecture de Maurice Merleau-Ponty.

Les études réunies dans la seconde partie de ce livre portent la trace, je l'espère en tous cas, de cette incarnation de la pensée que je crois essentielle à l'entreprise des *Essais* et qui est devenue essentielle à ma propre vie.

Janvier 1994

I

LIRE LES ESSAIS AUJOURD'HUI

PROLOGUE

Les *Essais* ont suscité de multiples commentaires qui, souvent, ont pris prétexte de la forme originale du texte et de la relative complexité du sens. Mais l'abondance des discours critiques provient essentiellement de ce que le livre touche au domaine de l'éthique, c'est-à-dire à un système de valeurs sur lesquelles se fonde une discrimination qualitative des actes humains. Livre de vie, livre de sagesse, a-t-on coutume de dire. Dès sa parution, ce texte a été reçu comme l'expression du système moral qui constitue l'ainsi nommé "humanisme". Il a historiquement servi à formuler des règles d'éducation pour plusieurs générations, pièce devenue essentielle à la morale laïque, l'un des piliers de l'enseignement secondaire.

Cette position et cette fonction des *Essais* correspondent à un mode de lecture, et impliquent une conception de la littérature telle que dans toute "œuvre" se trouve cachée une *leçon*. Ce mode de lecture et cette conception méritent qu'on les examine, tant ont d'importance leurs effets dans ce qu'il est convenu d'appeler une culture.

Le texte des *Essais* est cité dans l'édition de P. Villey rééditée aux Presses Universitaires de France en 1965 sous la direction de V. L. Saulnier. Les lettres a, b, c, désignent respectivement l'édition de 1580, celle de 1588, les ajouts manuscrits postérieurs à cette date. Les passages extraits des deux premiers livres datent de 1580-1582, sauf mention spéciale (b, c) ; les passages du livre III de 1588, sauf précision complémentaire (c).

INTRODUCTION

Lire les *Essais* et non lire Montaigne, ce qui n'est pas indifférent. Comme il n'est pas dépourvu de signification ni de portée que M. Butor réunisse ses "préfaces" aux trois livres sous le titre *Essai sur les Essais*[1], tandis que E. Lablénie intitule son recueil *Essais sur Montaigne*[2]. Se glisse dans cette substitution du terme qui désigne l'homme au terme qui désigne le livre, et par son intermédiaire même, toute une polémique, vieille déjà ; ou, si l'on veut, le symptôme repérable de visées différentes et même opposées. Quoi que ces *Essais* disent d'autre, leurs titres impliquent à eux seuls la délimitation d'horizons différents, au moins en apparence. L'un, que l'œuvre seule, isolée, comme constituée à part de tout environnement, se suffit à elle-même pour former une unité, ou si l'on veut une totalité, interprétable. L'autre, que l'œuvre signifie ce que son auteur a voulu lui "faire dire", qu'en somme, sous des formes tantôt simples tantôt complexes, elle s'identifie à lui, elle le prolonge ou l'exprime, dans ses goûts et ses quêtes, dans sa personnalité. Mais dans un cas comme dans l'autre, c'est d'un sens qu'il s'agit, sens que le lecteur a le devoir d'extirper d'un texte connu et méconnu. De la gangue multiforme il faudrait *extraire*—pour reprendre la métaphore si rigoureusement analysée par Bachelard et Althusser[3]—la *vérité* d'une "œuvre",

---

[1] Paris, Gallimard, collection Essais, 1968.

[2] Paris, SEDES, 1968 ; c. r. par A. Micha, *R. H. L. F.* novembre-décembre 1968, qui distribue l'éloge avec une déconcertante libéralité.

[3] Voir *La formation de l'esprit scientifique,* Vrin, 1967, ch. VI, L'obstacle substantialiste, pp. 87-129 et *Lire le Capital,* 2e édition, Maspéro, 1968, p. 39-42.

cette dénomination *essentielle* qui dénonce aussitôt comme *inessentiel* ce dont elle se refuse à rendre compte. Sous ce jour, deux lectures aussi différentes en apparence que celles de Butor et de Lablénie, et malgré l'écart indiscutable qui les sépare, appartiennent à un même mode, à une même manière. Un secret, qui existait déjà, et depuis tantôt quatre siècles, *dans* le livre, par la vertu d'une lecture surgit soudain, exhumé. En d'autres termes, il s'agit de rendre explicite ce qui, *dans le livre même,* résidait déjà, mais caché, non dit, implicite[1]. Or cette visée trouve, comme nous essaierons de le montrer, à s'alimenter dans les *Essais,* qui disent et voilent, dévoilent et contredisent ; elle trouve également à se justifier, car ce livre est aussi un commentaire de ce livre, notation sur ce qu'il note et sur le fait qu'il note. De tels repliements ne vont pas sans difficultés, ne fût-ce qu'au niveau le plus humble, comme en apportent témoignage les titres choisis par ces deux commentateurs modernes : *Essais,* qui par un attendu mimétisme tentent de conjurer une distance possible entre l'écrit de Montaigne et eux-mêmes ; comme en apportent aussi témoignage deux livres, l'un ancien déjà mais aujourd'hui seulement traduit en français, celui de H. Friedrich[2], l'autre, moins vaste mais en un sens plus ambitieux, de M. Baraz[3].

Une telle abondance bibliographique, que ne justifie aucune commémoration rituelle, incite à la prudence. Qu'elles relèvent des circonstances historiques présentes ou des caractéristiques qu'on prête aux *Essais* (et cela revient au même), les raisons

1 Je renvoie aux analyses volontairement méconnues de P. Macherey, *Pour une théorie de la production littéraire,* Maspéro, 1966, qui font l'objet d'une véritable et signifiante conspiration du silence.

2 *Montaigne,* Gallimard, 1968.

3 *L'être et la connaissance selon M.*, J. Corti, 1968.

qu'on a d'écrire sur Montaigne devraient être analysées. Pris généralement comme un ensemble d'idées, les *Essais* semblent à ceux qui les lisent, partir à la recherche d'une garantie de droit, ou à la rigueur de fait, pour répondre à la double question du bonheur et de la vertu. Poursuivre après Montaigne cette recherche dans les *Essais,* c'est passer du stade de la lecture à celui de la répétition, prendre un texte pour prétexte à un libre "dévoilement" de ses propres questions, à jamais enfermées dans les principes d'une lecture qui se croit innocente et qui l'est d'autant moins qu'elle adhère sans écart réfléchi à une attitude apparemment clarifiée. L'absence de réflexion sur ce que c'est que lire les *Essais* permet "naturellement" toutes les lectures, toutes les interprétations. De là cette abdication curieuse et quasi générale qui fait lire les *Essais* comme un livre de sagesse, un livre d'heures : H. Friedrich évoque, sans la critiquer, cette attitude en citant le *Journal* où Gide écrit : "Matinée au Louvre ; matinée délicieuse. J'avais un petit Montaigne avec moi, mais n'en lisais que par instants, en marchant, et juste ce qu'il faut pour entretenir l'exaltation joyeuse de ma pensée" (NRF, Pléiade, 1940, p. 183) ; on ne saurait mieux dire que les *Essais* sont un remède, une drogue. Une telle lecture ne se donne pour fin que la délectation de soi, mode de dégustation parfaite dans laquelle l'aliment disparaît et ne laisse que le goût, parce qu'il est déclaré consubstantiel au mangeur. Lecture du nombril. Faute d'avoir pu chercher où se trouvait l'invention de cette pensée, on décrète que cette pensée même a abdiqué toute ambition et qu'elle s'est réfugiée dans la notation épisodique, dans l'anecdote—comme Rousseau se confine dans la botanique ou la transcription calligraphique, herboriste ou copiste par quête de l'oubli, par hygiène. J'avoue un parti pris inverse : Montaigne est penseur, les *Essais* sont un livre de "philosophie", en dépit—ou à cause—des charges renouvelées en chaque essai ou presque contre la Philosophie, la Théorie, la Science. L'insistance même à railler tout discours savant, toute affirmation dogmatique d'une raison qui croit en ses pouvoirs parce qu'elle ne s'est pas au préalable examinée elle-même, est le signe sans cesse donné qu'existe une science autre, une affirmation néanmoins possible, et fondée. "Est-il rien certain, resolu, desdaigneux, contemplatif, grave, sérieux come l'asne ?" (III, VIII, 938 c) est une fausse question, trop souvent prise au pied de sa lettre et trop belle occasion, avec bien d'autres textes, de figurer un Montaigne vivant dans la simplicité mentale, l'inscience volontaire et l'accord existentiel avec un univers univoque. Qui ne veut lire ici une double entente ne veut pas lire les *Essais,* mais se lire en eux. "C'est au plus mal habile de regarder les autres hommes par dessus l'espaule, s'en retournans tousjours du combat plains de gloire et d'allegresse" (III, VIII, 938), aux habiles revient de pouvoir regarder, sinon le soleil, au moins l'homme en face. "Mon humeur n'est propre, non plus à parler qu'à escrire, pour les principians" (III, VIII, 938 c), pour ceux qui en sont à apprendre l'alphabet. Les *Essais* sont livre savant, comme l'a montré P. Villey, et qui jouent de ce savoir au point de suggérer à la tradition critique qu'ils cherchent l'ignorance. Se laisser prendre à ce jeu est une façon d'en être la victime satisfaite, d'en refuser radicalement toute connaissance, de se nommer "le scrutateur sans connoissance, le magistrat sans juridiction et apres tout le badin de la farce" (III, IX, 1001), bref, critique littéraire.

H. Friedrich n'a pas lu les *Essais* en critique littéraire seulement pour composer son *Montaigne,* mais aussi en historien des idées et de la philosophie. L'attention prêtée à la lettre et le lien constamment établi entre le texte et ce qui en a constitué le fond, fond ou horizon qui l'ont produit et en même temps le différencient, permettent à H. Friedrich de formuler la synthèse de loin la plus convaincante sur les *Essais*. Il y sera souvent fait appel. Attention particulière a été prêtée à deux chapitres pour leurs analyses pertinentes, au chapitre II, "Tradition et Culture", au chapitre IV, "L'acceptation de l'homme". Il n'est pas ici question de renouveler une synthèse autre, aussi totale et englobant la matière complète des *Essais*, mais d'énoncer un certain nombre de propositions pour une lecture. Aussi les pages qui suivent prennent-elles, en plus d'un endroit, la figure d'un inventaire bibliographique et critique. Cette lecture a pour objectif de faire apparaître, de constituer par son propre développement, ce que les *Essais* se sont donné à poser comme question, comme problème. Il ne sera pas ici demandé à Montaigne compte seulement de ses réponses, mais surtout de ses questions, et des questions de ses questions. Une telle lecture, comme on verra, ne faisant qu'appliquer aux *Essais* un protocole analogue à celui qu'ils ont eux-mêmes établi pour ce qu'ils lisent dans la tradition antique ou dans le grand livre du monde. Cette démarche n'est nullement aisée, elle rencontre, entre autres difficultés, toutes les défenses subtiles du texte avec lesquelles il faudra ruser, qu'il faudra mettre en sommeil pour mener à bien l'analyse. On voudra bien penser que les répétitions et les retours en arrière y sont inévitables, comme les "omissions" et les absences de réponse sur ce qu'on a trop souvent décrété "problèmes" et qui ne sont la plupart du temps que de fausses questions.

CHAPITRE 1

PRÉCAUTIONS ÉLÉMENTAIRES : FLORILÈGES ET CITATIONS

Florilèges et citations

D'un moraliste, on attend toujours peu ou prou quelque leçon qui aide à vivre droit et selon une morale. Pour peu que sa manière d'écrire se prête à ce jeu, on parvient aisément à isoler de son texte quelque formule lapidaire, d'ordinaire à l'indicatif présent, affirmation d'aujourd'hui et de toujours. Rythmée selon les cadences subtiles de la parole sentencieuse, la phrase est prête pour la grande aventure de la pérennité littéraire, de plus en plus apte, par l'autorité de l'âge, à l'édification des enfants et des hommes, prenant peu à peu figure de "vérité éternelle". La scène du duel dans *Le Cid* a formulé pour longtemps les fières devises d'un code moral qui a de loin survécu à l'univers qui l'a vu naître ; qui doute aujourd'hui qu'"à vaincre sans péril on triomphe sans gloire" ou qu'aux âmes bien nées "la valeur n'attend pas le nombre des années". Le nombre de l'alexandrin n'est pas étranger à cette glorieuse postérité. Plaisante vérité que douze pieds accréditent. Par un dévoiement plus subtil, et plus inquiétant, telle formule ainsi isolée devient la pensée de son auteur, son enseignement. "Il suffit d'avoir parcouru attentivement les *Essais*, pour se rendre compte qu'on peut en tirer une masse de notations précises et utiles… de nombreuses maximes à portée générale, même sous leur forme parfois personnelle, incitent le lecteur à rechercher dans les *Essais* plus qu'une façon, une leçon de vivre" (E. Lablénie, p. 170). Ainsi se croit-on justifié à présenter d'un livre un résumé, condensé en quelques dizaines de pages, dense liqueur deux fois distillée, et qui exprime son essentielle teneur.

Une telle pente part de haut. Les temps anciens sont prodigues de ces sortes de manuels en qui est enclose toute la sagesse du monde, florilèges ou bréviaires. La Renaissance en fut particulièrement friande, et de bons esprits comme Lefèvre d'Etaples ou Erasme n'ont pas cru s'abaisser en collectionnant des maximes. Une telle tradition offrait l'avantage de diffuser dans un large public des pensées éparses dont chacun pouvait faire son profit ou son édification. La visée moralisatrice s'exprime sans fard dans les livres publiés par Grosnet, par exemple : *Les mots dorez de Cathon en françoys et en latin. Avecques bons et tres-utiles enseignements, proverbes, adages, authoritez et ditz moraulx des Saiges* (Paris, 1531) ou *Les authoritez, sentences, et singuliers enseignements du grant censeur, poete, orateur, et philosophe moral Seneque...* (Paris, 1534). Présentant les *Essais* à un correspondant, E. Pasquier emprunte les us et coutumes de son temps quand il écrit : "Mais surtout son livre est un vray seminaire de belles et notables sentences, dont les unes sont de son essor ; et les autres transplantées si heureusement, et d'une telle naifveté dans son fonds, qu'il est malaisé de les juger pour autres que siennes, dont je vous remarqueroy à la traverse quelques-unes ; remettant à votre diligence, de voir toutes les autres dedans son livre..." Suivent dix-huit maximes morales que Pasquier commente ainsi : "Quoy ? y eust-il jamais sentences plus belles en toute l'ancienneté, que celles-cy ? Plusieurs autres vous pourrois-je alleguer, si je m'estois proposé de faire un livre, et non une lettre" (XVIII, 1, éd. Thickett, Droz, pp. 47-48). Semblable peinture devait, au seizième siècle, inciter à la lecture, et sans doute Pasquier a-t-il persuadé à Pellejay de goûter à son tour la beauté de ce parterre. De telles entreprises ont leur légitimité, à condition que les adages ainsi recueillis ne prétendent pas à donner une image de l'œuvre entière dont ils sont extraits. La maxime n'est pas la pensée, pas plus que le titre n'est le poème. Pourtant ce préjugé a force et vigueur qui voit dans le florilège un condensé des vertus rencontrées dans le livre. On ne songe pas que l'opération par laquelle on a ainsi isolé une sentence relève de l'alchimie, que cette extraction apparemment neutre est en fait une subtile transmutation. La maxime n'est pas ce microcosme, semblable au macrocosme, image réduite du tout ; elle est cette partie d'un ensemble, arbitrairement sortie de son cadre, démesurément grossie, et donnée pour la vérité du tout. En tête d'un bref florilège de cette nature, on lit ainsi : "Le lecteur voudra bien se contenter d'en lire un choix rapide dans les pages qui suivent, où il retrouvera sans doute, à travers des phrases familières, l'*essentiel* de la pensée de Montaigne" (E. Lablénie, p. 174). Montaigne n'écrit pas ces maximes plus que son lecteur qui les décrète telles. A qui fait-on honneur lorsqu'on relève que "la philosophie nous instruit à vivre" (I, XXVI, 163 ; citation d'ailleurs fautive pour les besoins de la cause) ? Ce lieu commun (primum vivere, deinde philosophari) se retourne aisément, comme mainte maxime ; en ces balancements équilibrés, un terme, souvent, vaut l'autre : vivre nous instruit à philosopher. Autant serait à dire, en plus d'une occasion, sur d'autres "maximes" des *Essais*.

Cette remarque touche aussi, de façon moins nette il est vrai, l'usage de la citation. Plus encore que le traducteur, celui qui cite s'expose à être traître. Il n'est pas besoin d'être un esprit vétilleux ni chagrin pour ressentir une citation comme un manque, comme l'oubli de son "contexte". Sans doute toute citation est-elle soumise à ce risque, et la délimitation de l'honnête usage et de l'abus requiert de grandes et difficiles précautions. A lire les *Essais,* livre de citations s'il en fut jamais, on trouve quelques passages bien clairs, analysant leur propre procédure à l'égard des textes anciens ou modernes qu'ils absorbent en eux. A cette condition, la citation peut être trahison, ou inexactitude, du moins l'est-elle consciemment. Citons : "Il en est de si sots, qui se destournent de leur voye un quart de lieuë, pour courir après un beau mot ; (c) "aut qui non verba rebus aptant, sed res extrinsecus arcessunt, quibus verba conveniant" et l'autre : "Sunt qui alicujus verbi decore placentis vocentur ad id quod non proposuerant scribere". Je tors bien plus volontiers une bonne sentence pour la coudre sur moy, que je ne tors mon fil pour l'aller querir" (I, XXVI, 171). Suit une analyse du style que souhaite Montaigne, "tel sur le papier qu'à la bouche". Cette désinvolture hautement revendiquée implique une appartenance à un genre littéraire déterminé, l'essai, en même temps qu'elle procède d'une attitude sociale : "Toute affectation, nommeement en la gayeté et liberté françoise, est mesadvenante au cortisan. Et, en une monarchie, tout Gentil'homme doit estre dressé à la façon d'un cortisan. Parquoy nous faisons bien de gauchir un peu sur le naïf et mesprisant" (I, XXVI, 172, c). Un noble, et plus encore qui aspire à être reconnu pour tel, ne saurait *citer* à la manière pédantesque. Qui plus est, l'image de la rhapsodie ("la coudre", "tors mon fil" avec le jeu sur les mots) semble privilégiée quand un essai parle des *Essais*, comme celle de la cuisine qui mêle avec art tant d'ingrédients divers. L'aveu est fait, ailleurs, que l'auteur cité n'importe guère et que seul le parti à tirer d'une phrase autorise la citation. Cette vue, éminemment littéraire, privilégie le deuxième texte par rapport au premier, les *Essais* par rapport à leurs sources, à leurs emprunts. Dans le mécanisme d'une telle forme de citation, le but n'est assurément pas d'étudier ni de connaître un texte ancien, mais d'écrire soi-même. "Parmy tant d'emprunts je suis bien aise d'en pouvoir desrober quelqu'un, les desguizant et difformant à nouveau service. Au hazard que je laisse dire que c'est par faute d'avoir entendu leur naturel usage, je lui donne quelque particulière adresse de ma main à ce qu'ils en soient d'autant moins purement estrangers" (III, XII, 1056, c). Les rapports entretenus par les *Essais* avec les textes antérieurs apparaissent ainsi sous un jour peu favorable, voire peu honnête, si l'on se réfère au code contemporain en la matière[1]. C'est d'un pas bien cavalier qu'ils procèdent. Compte tenu du but poursuivi, faire un livre et non l'emprunter, c'est pourtant le seul pas possible, nous y reviendrons, et non pas deshonnête, mais connu et avoué.

---

[1] H. Friedrich, après Villey, note justement : "L'héritage antique, partiellement repris avec éclectisme, ne signifie plus qu'un moyen adéquat de se faire comprendre ("pour les – *c'est-à-dire mes meurs* — faire sortir en public un peu plus décemment"), un auxiliaire pour ordonner, maîtriser et rendre communicables ses propres idées. Une indépendance très libre prend ici conscience d'elle-même, et en tout cas de son programme, vis-à-vis de la tradition. Le contact avec les Anciens doit en quelque sorte être révocable à tout moment" (p. 47). Nous reviendrons sur ce point, qui, lui aussi, demande à être *situé*. Imitation, emprunts, citations et création ne forment pas une chaîne simple et univoque, et l'évolution des *Essais*, minutieusement étudiée par P. Villey, appelle examen.

Dans une longue étude sur les visages confondus du mensonge et de la vérité, s'agissant des affirmations péremptoires qui donnent pour absolument vrai ce qui relève simplement de l'opinion, l'essai III, XI, "Des boyteux", note avec une ironie féconde : "Il n'est rien à quoi communement les hommes soient plus tendus qu'à donner voye à leurs opinions : où le moyen ordinaire nous faut, nous adjoustons le commandement, la force, le fer, et le feu" (1028). Les pouvoirs d'une tradition établie, communément reçue, sont d'une telle importance que "c'est chose difficile de resoudre son jugement contre les opinions communes" (1028). Semblable observation, et d'identique objet, pourrait être faite au sujet des citations des *Essais*. Il est trop facile de "tordre" une phrase à l'interprétation qu'on en veut donner, du moment qu'on l'isole de son texte. Des multiples images ainsi composées des *Essais*, chacun apprécie celles qu'il souhaite ; certaines pourtant sont plus fausses que d'autres et auxquelles on peut répondre, sur leur mode, par une interprétation inverse. Cette inquiétante latitude de la lecture, à laquelle est possible en toute impunité n'importe quelle déviation, impose au moins des bornes à la tentation de "donner voye" à nos opinions. H. Friedrich note, de Montaigne : "Dans la couche du texte correspondant à sa maturité, Montaigne n'emprunte rien à la réserve d'idées de la tradition sans l'avoir d'abord transformé en conviction et opinion personnelles. C'est, à ses yeux, de son propre jugement, que la pensée traditionnelle tient sa validité" (p. 47). On peut le noter tout aussi bien des études critiques sur les *Essais*, les "vérités" de Montaigne tiennent à ceux qui les déclarent telles. Cette impunité est un vice, la lecture naïve.

Soumettre les phrases des *Essais* à pareille déformation pose de ce fait une question. S'il s'agit de composer soi-même une œuvre littéraire, n'importe quel usage se conçoit, pourvu qu'il soit fécond ; "tout argument m'est également fertille...". S'il s'agit en revanche de donner une étude de l'oeuvre, autant que faire se peut rigoureuse, et non une interprétation aussi admissible et aussi révocable que n'importe quelle autre, des mesures dc précaution doivent être prises ; qu'à tout le moins la déformation soit connue et avouée, qu'elle soit critiquée et réduite par tous les moyens. Pareilles exigences semblent évidentes, la lecture des textes critiques montre pourtant qu'on songe rarement à les respecter tant est naturelle la soumission d'une phrase isolée "à nouveau service", tant sont complexes les opérations par lesquelles peuvent être limitées les déformations. Cette démarche suppose une double situation, des *Essais* comme texte, de soi comme lecteur ; une double réflexion, sur le fait de la lecture, sur les implications de l'analyse d'un texte. Pour reprendre une métaphore usée, toute abeille fait son miel des fleurs qu'elle rencontre ; au moins ne prend-on pas le miel pour la fleur, de l'une à l'autre un travail a transformé une matière pour en faire un produit. De Plutarque aux *Essais*, un travail a produit un nouvel objet ; des *Essais* à leurs lectures, un autre travail produit de nouveaux objets. Dans une lecture, rien n'est intact, tout se transforme, texte, lecteur et lecture ; encore convient-il de savoir en quoi.

Ordre et désordre

L'un des obstacles les plus fréquents consiste à passer trop vite, ou trop facilement, du particulier (la phrase) au général (la pensée). D'une citation, ou d'un ensemble de citations, on compose un portrait total, on dessine les traits d'une philosophie. Cette démarche, sans doute, est naturelle ; en soi elle ne comporte rien qui la condamne, et elle semble la seule possible. On parvient ainsi à créer une unité intelligible sous laquelle ranger les différentes pièces de "puzzle" qui constituent un texte, ou plutôt, différentes unités qui prétendent à rendre compte de divers aspects d'une pensée : Montaigne et la politique, la religion, les femmes, la peinture de soi, etc. ; autant de thèmes arbitrairement extirpés d'un texte composite, et qui donnent la possibilité de recomposer les essais selon l'une de leurs faces, de conférer à une idée la cohérence dont on éprouve l'absence dans le texte des *Essais*. Cette façon de réécrire sous forme systématique un ensemble embrouillé est plus courante qu'on ne croit. Certes, l'image falsificatrice d'un Montaigne éclectique allant du stoïcisme au scepticisme, se libérant de ce morbide penchant négateur pour terminer ses jours dans un épicurisme bien compris, cette image caricaturale d'une évolution linéaire a subi bien des retouches et rectifications. Peut-être, au reste, contient-elle des incitations non négligeables à la réflexion morale, ce qui lui assure une audience justifiée. Du moins la lecture qui la produit demeure-t-elle intouchée, lecture qui se hâte de conclure du tout sans avoir au préalable analysé les parties et les rapports qui existent entre elles. Ces vues globales, proclamées pertinentes et vraies, ont souvent courte vue. Elles reposent sur une conception empiriste de la littérature, selon laquelle une vérité gît dans l'œuvre (Montaigne stoïcien, épicurien, classique, baroque) qu'il s'agit, par une lecture, d'exhumer. Comme le florilège, la synthèse se donne pour tâche de décrire l'essence d'une pensée telle que toute lecture peut la découvrir cachée dans le texte, elle se borne à produire le cadre apparemment neutre d'une cohérence en se défendant de modifier par là le texte même. La synthèse la moins fausse sera alors celle qui ressemble le plus au livre dont elle veut rendre compte. Mais le mimétisme n'est pas l'indice d'une vérité, pas plus que le masque n'est le vrai personnage. Cette lecture analogique, dont on pourrait citer maint exemple, repose sur l'illusion qu'il est possible d'ordonner le désordre, sans avoir interrogé le désordre, ni les raisons de son existence, sans dénier au désordre toute raison.

Les *Essais* se prêtent particulièrement à ces modulations variées, par leur propre incohérence, par leur refus d'un exposé systématique. La lâcheté des liens qui relient un thème à l'autre a souvent été relevée, depuis E. Pasquier qui notait, dans une lettre à Pellejay : "Il estoit personnage hardy, qui se croyoit, et comme tel se laissoit aisément emporter à la beauté de son esprit. Tellement que par ses escrits il prenoit plaisir de desplaire plaisamment. De là vient que vous trouverez en luy plusieurs chapitres dont le chef ne se rapporte aucunement à tout le demeurant du corps, fors aux pieds ; je veux dire aux dix ou douze lignes dernières du chapitre, ou en peu de paroles, vers un autre endroit ; et néantmoins le chapitre sera quelquefois de douze feuillets et plus. Tels trouverez vous ceux, dont les titres sont : *Histoire de Spurina, Des Coches, De la Vanité, De la Physionomie, De la ressemblance des enfants à leurs pères, Des Boiteux ;* et sur tous, celuy *Des vers de Virgile,* qu'il pouvait à meilleur compte intituler *Cocq à l'Asne ;* pour s'estre donné pleine liberté de sauter d'un propos à un autre, ainsi que le vent de son esprit donnait le vol à sa plume" (XVIII, 1, éd. Thickett, p. 43). Il est frappant de remarquer que nombre d'études contemporaines ont justement trait à ces essais-là, comme si leur désordre même arrêtait une lecture trop cursive et déclenchait la recherche de l'ordre. Un texte dont l'intelligibilité globale est douteuse semble inachevé, imparfait ; aussi s'exerce-t-on à lui restituer son ordre, à y mettre bon ordre, à lui donner sa perfection, dans le temps même qu'on cherche son sens. "Des coches" (III, VI), par exemple, en appelle à l'ingéniosité critique de tout lecteur pour qu'une réponse puisse enfin être apportée à cette question désorientée : de quoi s'agit-il ? (voir les études de Baraz, Butor, Etiemble, Genz, Jasinski, Sayce, entre tant d'autres). Lablénie intitule ainsi l'un de ses chapitres "Sous le désordre apparent, l'ordre profond" (chapitre VIII), où nous retrouvons la métaphore de l'extraction. Extrait de texte et extraction d'un sens procèdent de même racine. Comme la citation, le sens thématique est un abus, ordre imposé où régnait un désordre, dont peut-être la désinvolture n'est pas la seule raison.

Relation de succession, relation de coexistence.

Dans ce texte, compliqué et retors, il est bien aventuré de privilégier une phrase qui puisse être décrétée "aboutissement", conclusion, avis définitif ; de décider soudain au détour d'une page : voici ce que pense vraiment Montaigne sur tel ou tel sujet. Fût-ce à un niveau élémentaire de la lecture, et cela pour deux motifs apparents.

D'abord le fait matériel des additions. Tout se passe comme si, à un texte premier, toute relecture avait souhaité ajouter un complément, une précision. Plus d'une notation ainsi développée approfondit, comme on dit, le sens possible d'une observation dont la rédaction antérieure n'avait pas vu les prolongements, dont elle n'avait pas tiré tout le parti souhaitable. Ajouts souvent considérables puisqu'à plus d'une reprise, ils ont plus d'ampleur que l'essai originel. Butor souligne à très juste titre : "Autour du corps de la page, la marge se remplit d'une végétation d'ajouts, sur lesquels s'en greffent d'autres annoncés par des signes d'appel. Lorsque la marge n'est plus assez grande pour la contenir, cette végétation déborde en "papiers" ou encarts... Or certains des ajouts aux deux premiers livres dans l'édition de 1588 atteignent une longueur considérable, dépassant tous ceux de l'exemplaire de Bordeaux... Ces excroissances, toutes d'un seul tenant, sont nettement plus longues que les chapitres les plus courts des deux premiers livres, et l'une, dans l'Apologie, est même nettement plus longue que le plus court chapitre du livre III" (pp. 160-161). Comme P. Villey en avait déjà posé le principe, seule une lecture qui tient compte des différents états du texte a des chances de ne pas manquer totalement à une élémentaire fidélité. De 1580 à la mort de Montaigne, la lente accumulation des phrases marginales a pu paraître suffisamment importante pour qu'une chronologie de l'évolution mentale et spirituelle se fonde sur les différences successives. Aussi d'une phrase, convient-il de préciser l'état de texte dans lequel elle a d'abord trouvé sa place.

Cette élémentaire précaution ne suffit pas néanmoins à garantir de tout travestissement de sens. Les additions en effet ne vont pas toujours, elles vont même rarement, dans la direction qu'avait prise le texte premier. A plus d'une reprise, l'ajout provoque une rupture, une discontinuité parfois peu apparente, mais dont l'effet importe—ou devrait importer — à qui est en quête d'un sens. Les sédiments de différente époque ne possèdent pas toujours une nature identique, et quand cette identité est acquise, une contradiction éclate souvent entre le discours premier et le discours second. Ainsi dans un essai difficile où sont analysées les attitudes et finalités des conversations (III, VIII) trouvons-nous cette généreuse profession d'humilité, souvent citée : "Je festoye et caresse la vérité en quelque main que je la trouve, et m'y rends alaigrement, et luy tends mes armes vaincues, de loing que je la vois approcher" (924). Sur cette seule phrase, que de beaux commentaires à faire fleurir concernant la vertueuse répression de l'amour propre, la bonne foi à s'avouer vaincu, en véritable paladin des joutes oratoires ("tends mes armes"). Cet éclairage moral se trouve assez crûment modifié si l'on analyse la longue addition que Montaigne a insérée à sa suite. Une succession de formules humoristiques et ironiques raille la prétention, et des autres, et de l'auteur, l'absence de courage dans la discussion, les contraintes de la civilité : "Toutefois il est certes malaisé d'y (la liberté de parole et de critique) attirer les hommes de mon temps : ils n'ont pas le courage de corriger, parce qu'ils n'ont pas le courage de souffrir à l'estre, et parlent tousjours avec dissimulation en presence les uns des autres" (924, c). Voici qui sonne déjà d'un autre air, et discordant à la première mélodie : curieuse façon de reconnaître en autrui la vérité que de railler sa lâcheté mentale. La suite du texte accentue encore la contradiction, puisque, revenant à lui-même, Montaigne se donne d'abord en exemple, puis établit, en toute simplicité, une analogie entre sa conduite et celle de Socrate : "Ce que Socrate recueilloit, tousjours riant, les contradictions qu'on faisait à son discours, on pourrait dire que sa force en estoit cause, et que, l'avantage ayant à tomber certainement de son costé, il les acceptait comme matière de nouvelle gloire" (925, c). L'humble déclaration préliminaire voit donc son sens radicalement retourné : la répression de l'amour-propre prend une tout autre figure du moment que l'ajout la fait apparaître non comme une fin, une victoire morale sur soi, mais comme l'instrument momentané d'un plus grand triomphe à venir. Ce renversement de sens influe de même sur la suite du texte primitif, et déplace la signification de la phrase, pourtant en soi bien claire : "Je me sens bien plus fier de la victoire que je gaigne sur moy quand, en l'ardeur mesme du combat, je me faicts plier soubs la force de la raison de mon adversaire, que je ne me sens gré de la victoire que je gaigne sur luy par sa faiblesse" (925). Belle profession, mais Socrate rencontre-t-il souvent sophiste assez malin pour le contraindre à mettre bas les armes ? "Il est impossible de traiter de bonne foy avec un sot. Mon jugement ne se corrompt pas seulement à la main d'un maistre si impetueux, mais aussi ma conscience" (925, c). Autant dire qu'en dépit de ses bonnes intentions de 1588, Montaigne accepte peu d'être vaincu. Le renversement d'un premier sens par un second établit non pas une position, mais une question. Quel sens choisir, extraire, privilégier ? Montaigne conversant est loyal combattant, Montaigne conversant est orgueilleux et sûr de lui ? Une telle contradiction, relevée ici sur un point habituellement décrété mineur, se retrouverait aisément sur d'autres sujets en d'autres essais. Qui m'assure que je peux, en toute vérité, déterminer le sens quand il varie d'un état du texte à l'autre ?

Cette perturbation d'un sens linéaire forme d'ailleurs la matière d'une page mi-ironique, mi-sérieuse, dans l'essai "De la vanité" (III, IX) qui commence, on s'en souvient, par désarmer d'avance toute entreprise critique : "Il n'en est à l'avanture aucune plus expresse que d'en escrire si vainement" (945). Tout sérieux d'emblée dénié à ce long discours, les notations, comme libérées, peuvent désormais advenir. Commentant sa façon d'écrire, de composer et d'ajouter, Montaigne en arrive à écrire la phrase fameuse : "Laisse, lecteur, courir encore ce coup d'essay et ce troisiesme allongeail du reste des pieces de ma peinture. J'adjouste, mais je ne corrige pas" (963). Affirmation temporaire puisque les corrections et ratures apparaissent véritablement après 1588. De cette répugnance à corriger sont exposés deux motifs, l'un moral et dont le développement s'accompagne d'un sourire : ce qui est publié ne m'appartient plus, mais relève du domaine public, Montaigne ne parle guère ici pour lui-même, il critique plutôt les autres : "De telles gens il ne faudroit rien acheter qu'après leur mort. Qu'ils y pensent bien avant que de se produire. Qui les haste ?" (964) ; l'autre philosophique, et qui nous importe ici davantage : "Secondement que, pour mon regard, je crains de perdre au change : mon entendement ne va pas tousjours avant, il va à reculons aussi. Je ne me deffie guière moins de mes fantaisies pour estre secondes ou tierces que premieres, ou presentes que passees. Nous nous corrigeons aussi sottement souvent comme nous corrigeons les autres. (c) Mes premieres publications furent l'an mille cinq cens quatre vingt. Depuis d'un long traict de temps je suis enveilli, mais assagi je ne le suis certes pas d'un pouce. Moy à cette heure et moy tantost sommes bien deux ; mais quand meilleur, je n'en puis rien dire. Il feroit beau estre vieil si nous ne marchions que vers l'amendement. C'est un mouvement d'yvroigne titubant, vertigineux, informe, ou des joncs que l'air manie casuellement selon soy" (964). Le motif ici avancé, dont nous aurons à examiner plus loin les implications, suffit à expliquer l'impossibilité radicale à libérer le texte de ses contradictions chronologiques, comme il rend dérisoire la recherche d'un sens défini et définitif, nié par l'évolution temporelle des différents sens. A aucune date une opinion n'est affirmée qui ne puisse être un jour, demain ou dans un an, contredite terme à terme, retournée. La lecture de l'évolution dans les *Essais* est lecture des contradictions des *Essais*.

Une seconde raison pratique à l'illégitimité d'une recherche du sens apparaît par le moyen d'une lecture thématique. Les contradictions surgies par le fait des additions, limitées au seul espace d'un essai — ou d'un passage dans un essai — peuvent ne pas sembler probantes. Il est bien "humain" de changer un peu d'avis sur un point de détail, dira-t-on. En réduisant la portée d'une contradiction circonscrite, on essaie de sauver la possibilité d'une opinion néanmoins affirmée. Cet entêtement à bâtir, envers et contre tout, un ordre signifiant, relève en fait d'une illusion critique, analysée avec pertinence par Macherey, qui formule un certain nombre d'exigences théoriques sur lesquelles on se hâte de se fermer les yeux. Et l'instrument de cet entêtement n'est autre que la citation. Abandonnés un temps les repliements dus à l'évolution chronologique, les avis et opinions contradictoires n'en demeurent pas moins. Parcourir d'un œil attentif le florilège d'E. Lablénie, *Montaigne auteur de maximes*, permet d'opposer à telle sentence son inverse. Ainsi de la maxime citée plus haut : "La philosophie nous apprend à vivre" (I, XXVI, 163), trouvera-t-on dans le recueil quelques variantes : "Que philosopher c'est apprendre à mourir" (titre de I, XX), ou quelques contre-maximes : "Il nous faut abêtir pour nous assagir" (II, XX, 820, c), "Les opinions et la philosophie élevées se trouvent ineptes à l'exercice" (II, XX, 675, b ; le texte est : "eslevées et exquises") ; à quoi il sera possible d'ajouter sans fin, comme "La plus part des instructions de la science à nous encourager ont plus de montre que de force, et plus d'ornement que de fruict" (III, XII, 1079). Plus encore que le recueil de Lablénie, caricatural en ce sens qu'il opère son choix au nom de deux critères implicites : la forme lapidaire et le caractère de "vérité éternelle", le *Répertoire des idées de Montaigne* dressé par E. Marcu (Droz, 1965) fait apparaître des oppositions d'opinions. Réunissant sous une identique rubrique des phrases diverses rapprochées par leur sujet, ce répertoire est d'une grande utilité. Il a le grand mérite de se donner un certain nombre de limites qui lui permettent d'exposer les difficultés de la lecture, et se définit ainsi : "Voici les Essais de Montaigne, distribués par thèmes, dans un gros volume qui permettra de retrouver tel passage individuel des Essais, et, d'autre part, d'embrasser la totalité de ce que l'auteur a écrit sur chaque question" (Introduction, p. VII). Conformément à son objet, ce répertoire traite sur un pied d'égalité les développements d'une certaine ampleur, les phrases qui viennent en incidentes, les parenthèses ou même certaines citations. Un système assez complexe de renvois permet, ou plutôt suggère le passage constant d'une catégorie à une autre, restituant ainsi le texte dans sa "composition normale" ; ce système de renvois fournit tout un éventail de suites possibles, offrant, comme R. Queneau naguère pour des poèmes, de multiples combinaisons éventuelles pour une lecture d'imagination inventive. Parcourir quelques-unes de ces catégories donne un aperçu probant des variations et contradictions de Montaigne. Deux exemples, pris au hasard, en dehors des "grands problèmes". L'article "Age, jeunesse, vieillesse" comporte, entre autres, les citations suivantes : "Je me suis enveilly de sept ou huict ans depuis que je commençay : ce n'a pas esté sans quelque nouvel acquest" (II, XXXVII, 759 ; il s'agit d'une remarque d'abord ironique sur la gravelle, puis plus sérieuse sur le mûrissement dû à l'expérience). "Quant à la vieillesse qu'on m'allegue, au rebours c'est à la jeunesse à s'asservir aus opinions communes et se contraindre pour autruy... A mesure que les commoditez naturelles nous faillent, soustenons nous par les artificielles. C'est injustice d'excuser la jeunesse de suyvre ses plaisirs, et deffendre à la vieillesse d'en cercher" (III, IX, 977), "Au demeurant, je hay cet accidental repentir que l'age apporte. Celuy qui disoit anciennement estre obligé aux années dequoy elles l'avoient deffaict de la volupté avoit autre opinion que la mienne : je ne scauray jamais bon gré à l'impuissance de bien qu'elle me face" (III, n, 815), "Depuis d'un long traict de temps je suis envieilly, mais assagi je ne le suis certes pas d'un pouce" (III, IX, 964, c) ; comme la langue, qui souffle le froid et le chaud, l'âge porte son bien et son mal, et non plutôt l'un que l'autre. L'article "Foule, nombre" donne : "... si le mot de Bias est vray, que la pire part c'est la plus grande, ou ce que dit l'Ecclesiastique, que de mille il n'en est pas un bon... la contagion est tres-dangereuse en la presse. Il faut ou imiter les vitieux ou les haïr. Tous les deux sont dangereux, et de leur ressembler, par ce qu'ils sont beaucoup ; et d'en haïr beaucoup, parce qu'ils sont dissemblables" (I, XXXIX, 238), "Au Louvre et en la foule, je me resserre et contraincts en ma peau ; la foule me repousse à moy..." (III, III, 823), "Celuy qui va en la presse, il faut qu'il gauchisse, qu'il serre ses couddes, qu'il recule ou qu'il avance, voire qu'il quitte le droict chemin, selon ce qu'il rencontre ; qu'il vive non tant selon soy que selon autruy, non selon ce qu'il se propose mais selon ce qu'on luy propose, selon le temps, selon les hommes, selon les affaires" (III, IX, 991) ; la foule m'entoure et me laisse seul, elle me contraint à mal faire, à suivre la loi du monde, et me contraint à bien faire, à me borner à moi. L'addition de ces sens contraires produit un résultat nul, d'autant qu'un indice d'indécision supplémentaire nous est donné par l'abondance des renvois d'une catégorie à l'autre[1]. Ainsi à l'article "Foule, nombre", trouvons-nous les renvois suivants : "Innovation, Guerre civile, Courage, Peur, Solitude, Éloquence, Politique, Homme, Jugement, Duels, Guerre, Moi, Médecins, Société, Obligations, Grands, Soumission, Raison, Vie publique, Flexibilité, Vérité, Crédulité, Opinion, Diversité, Subtilités, Manger, Particularité". L'existence de ces corrélations multiples témoigne du soin apporté à composer le répertoire en considérant justement qu'une phrase n'est pas univoque, elle témoigne aussi de l'arbitraire d'un grand nombre de lectures. Ce rapide examen conduit à deux conclusions provisoires et qui sont vérités d'évidence pour tout lecteur attentif ; Montaigne n'émet pas des opinions cohérentes, mais au contraire divergentes sur un sujet donné ; il n'est jamais certain que Montaigne parle effectivement d'une chose quand il semble en parler, les *Essais* mêmes nous en avertissent : "Ceci m'advient aussi : que je ne me trouve pas où je me cherche ; et me trouve plus par rencontre que par inquisition de mon jugement. J'avais eslancé quelque subtilité en escrivant. (J'enten bien : mornée pour un autre, affilée pour moy. Laissons toutes ces honnestetez. Cela se

[1] Voir ci-dessous p. 97-98.

dit par chacun selon sa force) ; je l'ay si bien perdue que je ne sçay ce que j'ay voulu dire : et l'a l'estranger descouverte par fois avant moy :" (I, X, 40).

Ces difficultés de sens n'ont, en somme, pas une importance capitale dans le cadre d'ouvrages qui se veulent, ou sont, avant tout des instruments de travail permettant de retrouver assez facilement le lieu d'où une phrase est extraite. Malheureusement les abus de pensée qui président à l'édification de tels livres entraînent de graves conséquences sitôt que l'on aborde l'interprétation. Toutes les transgressions et les ruptures qui permettaient d'isoler une citation sont immédiatement renforcées, accentuées par l'usage univoque qui en est pratiqué. Prenons un exemple de cette application falsificatrice, sur un point mineur ici encore. Dans la troisième partie de son livre, M. Baraz analyse les rapports de l'art et de la personnalité, la prédominance de cette dernière, autre face de la dissymétrie entre culture et nature. Voulant aboutir à la conclusion que la connaissance disparaît peu à peu derrière l'être, Baraz écrit : "Rappelons l'affirmation de Poë que pour comprendre un génie, il faut être un génie au moins égal à celui qu'on veut comprendre. Il est essentiel de relever que Montaigne va beaucoup plus loin que Poë dans cette direction : "Nous avons bien plus de poètes, que de juges et interpretes de poésie. *Il est plus aisé de la faire, que de la cognoistre*" (p. 155 ; Baraz souligne). La citation est prise dans I, XXXVII, 231, c, dont le titre est "Du jeune Caton", et qui d'une page en 1580 passe à quatre par les additions. Montaigne y stigmatise la pauvreté d'imagination commune en son temps, cette stérilité mentale et morale qui rend ses contemporains incapables d'apprécier et même de concevoir la vertu de Caton dans toute sa grandeur : "Nos jugements sont encores malades, et suyvent la depravation de nos meurs. Je voy la pluspart des esprits de mon temps faire les ingenieux à obscurcir la gloire des belles et genereuses actions anciennes, leur donnant quelque interpretation vile, et leur controuvant des occasions et des causes vaines" (230, c). Montaigne, au rebours, par esprit d'équité et de contradiction, affirme : "La mesme peine qu'on prent à détacher de ces grands noms, et la mesme licence, je la prendroye volontiers à leur prester quelque tour d'espaule à les hausser" (231, c) ; ainsi la représentation du jeune Caton pourra-t-elle être faite dans une juste gloire, en dépit de la dépréciation contemporaine, à laquelle on oppose les louanges de cinq poètes latins : Martial, Manilius, Lucain, Horace et Virgile. Le passage cité par Baraz vient avant les vers des poètes, et a pour rôle explicite de prévenir toute critique possible à l'encontre de la poésie. La formule est, dans son espace propre, l'essai I, XXXVII, investie d'une valeur polémique qui d'ores et déjà interdit de fonder sur elle une autre argumentation. Il y a plus. D'où me vient la garantie que cette phrase soulignée par Baraz représente la véritable opinion de Montaigne sur le sujet quand je trouve ailleurs, dans un autre contexte, tel avis inverse : "Tout fourmille de commentaires ; d'auteurs, il en est grand cherté" (III, XIII, 1069, c) ? Pourquoi n'irais-je pas à mon tour privilégier cette dernière citation, arguant de ce qu'elle se trouve dans l'ultime essai du livre, celui en qui maint critique voit l'aboutissement d'une recherche, d'une sagesse et d'une vie ? La seule garantie de fait qui justifiait le critique est la concordance d'une phrase de l'essai et de son idée personnelle. Il était simplement utile à la thèse soutenue que telle citation existât, pour que fût arrêté un sens.

En dernier ressort, la quête d'un sens produit les conditions propices à de telles distorsions ; en voulant prouver qu'une opinion est bien à cet endroit dans ce texte, on se place en telle posture qu'on lit nécessairement d'une façon illusoire. Une phrase n'est pas malléable et corvéable à merci du seul fait qu'on la sent proche de sa propre pensée ; la lire ainsi est refuser d'en prendre connaissance, accepter d'en faire son aliment. L'incorporation immédiate d'une citation à son propre texte demande une assimilation des deux objets, et l'assimilation se fait toujours au profit de celui qui déguste. On peut souhaiter, en revanche, et même pratiquer, une lecture qui institue une différence, une coupure irréductible entre le texte lu et le texte critique. En d'autres termes, la proximité des thèmes et la continuité des sujets ne constituent pas l'indice d'une connaissance dont le degré de similitude assignerait le degré de vérité, mais au contraire le signe patent d'une illusion.

Des énoncés séparables.

Toute citation n'en est pas de ce fait impossible. Au niveau élémentaire où nous nous tenons, deux précautions nécessaires sont déjà formulables, qui ne préjugent en rien d'une validité absolue de la citation. A supposer que l'intuition d'un sens ne soit pas elle-même radicalement mise en question, les deux motifs exposés plus haut entraînent pour conséquence l'obligation de dédoubler la lecture, de la situer d'une double manière. Extraire une phrase de son milieu lui confère, comme nous avons noté, un caractère de vérité absolue sans aucune légitimité. Il convient donc d'établir un premier type de relations, horizontal, qui situe la sentence choisie dans l'espace, délimité par l'auteur, d'un essai. Cette première relation accepte, *provisoirement,* de considérer un essai (un chapitre du livre) comme une figure homogène et définie par sa propre clôture. Une telle démarche, inévitable à un premier stade de l'enquête, présume l'existence d'une signification ultime, à laquelle les diverses phrases d'un essai auraient pour mission d'aboutir ; elle présuppose un ordre porteur du sens, inscrit dans la totalité close d'un texte. Présomption et présupposé qu'il nous faudra bien, un moment, eux-mêmes interroger. Les additions nous conduisent d'autre part à établir un second type de relation, vertical, qui situe la sentence choisie dans le temps, délimité par les différentes éditions des *Essais,* et borné par la mort de Montaigne, d'une évolution intellectuelle, morale et spirituelle. Cette seconde relation accepte *provisoirement* de considérer les *Essais* comme une figure homogène et circonscrite à ses limites. On présume ainsi l'existence d'une évolution univoque, d'un ordre du développement intellectuel, moral et spirituel dont chaque état de texte représente une étape. Ce qu'il faudra bien, à notre tour, mettre en question. Ces deux relations en effet, si elles garantissent la lecture contre un certain nombre de déviations élémentaires, ne nous assurent nullement contre une perversion fondamentale : l'illusoire détermination d'un sens véridique et absolu, l'élection arbitraire de ce qui, en dernière analyse, traduirait l'opinion de Montaigne sur un sujet donné.

Dans un texte littéraire, néanmoins, plusieurs types de discours coexistent. Ainsi dans les *Essais,* pouvons-nous schématiquement distinguer des énoncés idéologiques, qui sont discours d'opinion sur quantité de sujets divers, et des énoncés critiques, qui sont discours d'analyse soit sur la démarche intellectuelle de Montaigne, soit sur sa manière d'écrire. Ce second type d'énoncé apparaît la plupart du temps sous forme d'incidentes insérées dans le cours d'un développement autre, et appartient dans la majorité des cas à un état de texte tardif, après 1588. Évolution d'ailleurs relevée par Villey et soulignée par Friedrich. Les deux relations, dont l'exigence a été définie plus haut, ne disparaissent pas dans ce second type de discours, on conçoit néanmoins que la situation d'un énoncé à caractère méthodologique, lui-même déjà réflexion sur une manière de penser et d'écrire, n'a pas pour effet constant d'en modifier la portée. Il ne s'agit plus en ce second cas de faire sortir au jour la véritable opinion de Montaigne sur un sujet donné, sa place dans une idéologie, dans un débat d'idées, bref ses "options", mais une analyse de la *manière* dont il raisonne, de la *forme* dans laquelle il écrit, pour énoncer ses opinions. Cette analyse peut assurément jouer un rôle dans l'énoncé d'une opinion, et les modifications sont réciproques entre les deux types d'énoncés ; elle n'en demeure pas moins une analyse formelle, distincte, séparée d'un premier discours. En tant que telle, légitime en est la citation.

La distinction que je viens d'opérer, et dont seront plus loin avancées des justifications, nous ramène à la question d'une cohérence significative du discours des *Essais*. S'il est possible de séparer un énoncé formel et illégitime de citer un énoncé idéologique en le donnant pour l'opinion de Montaigne, c'est qu'en réalité, toute citation d'une opinion suppose une cohérence des opinions, elle présume d'un ordre caché des opinions sous leur désordre apparent, autrement dit d'un système achevé, tandis que l'énoncé formel n'implique aucunement une ordonnance hiérarchique des énoncés idéologiques, ni des différentes formes de discours. Un type de citation organise nécessairement le désordre des *Essais*, le second type conduit à poser la question de ce désordre même. Par ce moyen pourra être faite une lecture qui instaure une coupure, une différence entre le texte lu et le texte critique, une lecture qui constitue le désordre du texte comme son objet et devra rendre compte de ses raisons, une lecture fondée.

CHAPITRE 2

LES ORDRES DU DÉSORDRE

Poser la question du désordre des *Essais*, de ses raisons et de ses fonctions, comme une question préalable à toute étude du texte, revient à signifier que tout discours critique sur les *Essais* doit d'abord rendre compte d'une absence, avant d'être habilité à se prononcer sur quelque autre question que ce soit. L'incohérence même des *Essais* caractérise leur première apparition, leur première lecture. L'image du labyrinthe dont nul fil d'Ariane apparent n'indique la sortie représente la première figure du livre ; elle explique, dans une large mesure, que la lecture puisse en être perpétuellement recommencée, et par n'importe quel bout. Il était, dès lors, nécessaire d'apporter une réponse à la question immédiate : pourquoi ce labyrinthe ? , avant de pouvoir décider des réponses aux autres questions : que pense Montaigne de… ? L'exigence d'un sens imposait ainsi l'examen du non-sens. Cette nécessité n'a pas échappé aux lecteurs (voir le texte de Pasquier cité plus haut), ni à plus forte raison aux commentateurs dans leur désir naturel de rendre clair et immédiatement intelligible l'imbroglio du texte. Diverses ont été à cet égard les attitudes ou les hypothèses ; en évoquer quelques-unes nous aidera s'il se peut à mieux situer notre propre lecture.

L'ordre c'est l'ordre.

Quelles qu'aient été, par ailleurs, ses intentions, ou ses prétextes, l'un des proches disciples et successeurs de

Montaigne, Pierre Charron, a donné une "suite" aux *Essais* en 1601, "suite" présentée comme la naturelle continuation des *Essais, Sagesse* qui se veut avant tout un héritage. Cette notion d'héritage avait d'ailleurs une telle importance aux yeux de Montaigne et de Charron, que l'un reconnut à l'autre par son testament le droit de porter ses armes. La filiation a été évoquée par de nombreux auteurs, en particulier P. Villey dans son *Montaigne devant la postérité (1933)* et A. M. Boase dans *The Fortune of Montaigne, A History of the Essays in France 1580-1669* (1935). Une telle proximité autorise, semble-t-il, à penser que tel lecteur pourra trouver dans *Sagesse* l'opinion qu'il cherche en vain dans les *Essais* ; on trouvera mieux dans un ouvrage "mis en forme" ce qui est perdu dans le désordre d'un autre. Cette assimilation des deux textes a même été telle que la destinée littéraire de la *Sagesse* a été au moins aussi riche que celle des *Essais,* jusqu'aux débuts du dix-neuvième siècle, et que les opinions de l'un ont longtemps semblé exprimées par l'autre. Il convient de s'y arrêter un peu. Au livre II, chapitre IX, "Se bien comporter avec autruy", sont présentées des observations concernant en particulier les règles de la bonne conversation. On pense aussitôt à l'art de conférer (III, VIII), et effectivement un nombre important de notions exprimées dans cet essai figurent dans le chapitre de Charron. Où Montaigne se donnait licence d'évoquer la manière d'apprendre à bien jouer de la musique, ses préjugés et superstitions (treize à table, le lièvre qui traverse la route...), sa façon de lire, le plaisir de rire tout seul et pour soi, l'élection des Rois, etc., Charron s'astreint à la rigueur d'un code, il expurge le texte de son maître et modèle de tout ce qui n'a pas directement trait au sujet. "Il y a icy double consideration (c'est-à-dire par ainsi deux parties en ce chapitre) selon qu'il y a deux manières de converser avec le monde..." Suivent, en chaque partie, des avis soigneusement ordonnés : "Le premier sera de garder silence c'est-à-dire modestie. Le second de ne se formaliser point des sottises, indiscrétions, c'est-à-dire legeretés qui se feront ou commettront en presence..." et ainsi jusqu'au septième ; autant pour la seconde partie. Ainsi présenté, l'art de conférer possède un sens bien clair, bien ordonné et dont l'héritage assure qu'il n'a pas été travesti. Cette "mise en ordre" de l'essai repose sur la pensée que le désordre des *Essais* est imputable à la maladresse, à la négligence, à l'excès de liberté. Mettre en ordre, c'est donner le même sous un autre jour. Les remarques faites plus haut nous conduisent à penser que c'est en fait donner autre chose. Qui me garantit que ce ne sont pas justement les remarques adventices sur les superstitions, ou l'élection des Rois, qui importent ici ? Les *Essais* sous forme de manuel ne sont plus les *Essais*, mais un livre de morale tiré des *Essais*. Supposer au désordre la licence pour raison revient à ne pas interroger ce désordre même. La réponse dont Charron transcrit la pratique nous ramène donc à un aveuglement devant la question, à un refus de poser la question.

Semblable, mais non si franche, est la réponse parfois apportée en ces termes : il y a désordre parce que Montaigne est insouciant de composer, parce qu'il est désordonné. Cette réponse trouve à se fonder dans le texte des *Essais*, où les passages qualifiés de "dépréciatifs" ne manquent assurément pas. H. Friedrich en donne un bref échantillon dans sa description préliminaire (pp. 26-27), on peut en relever une impressionnante quantité. Quelques rappels suffiront, depuis telle formule épisodique comme "les belles matières tiennent tousjours bien leur rang, en quelque place qu'on les seme. Moi, qui ay plus de soin du poids et utilité des discours que de leur ordre et suite, ne doy pas craindre de loger icy un peu à l'escart une tres-belle histoire" (II, XXVII, 699, c), jusqu'aux déclarations plus conséquentes et qui ressemblent moins à des précautions oratoires, comme : "Tout argument m'est egallement fertille. Je les prens sur une mouche ; et Dieu veuille que celuy que j'ay icy en main n'ait pas esté pris par le commandement d'une volonté autant volage ! Que je commence par celle qu'il me plaira, car les matieres se tiennent toutes enchesnées les unes aux autres" (III, V, 876), ou "Moy qui suis Roy de la matiere que je traicte, et qui n'en dois conte à personne, ne m'en crois pourtant pas du tout : je hasarde souvent des boutades de mon esprit, desquelles je me deffie, (c) et certaines finesses verbales, dequoy je secoue les oreilles ; (b) mais je les laisse courir à l'avanture. (c) Je voys qu'on s'honore de pareilles choses. Ce n'est pas à moy seul d'en juger. Je me presente debout et couché, le devant et le derrière, à droite et à gauche, et en tous mes naturels plis" (III, VIII, 943), ou encore : "Cette farcisseure est un peu hors de mon theme. Je m'esgare, mais plustot par licence que par mesgarde. Mes fantaisies se suivent, mais par fois c'est de loing, et se regardent, mais d'une veuë oblique" (III, IX, 994). Une pareille insistance à présenter les *Essais* comme un pot-pourri, une "fricassée", un "barbouillage", un "amas", laisse entendre qu'il est bien inutile de chercher un ordre où il n'y en a point. Tel le papillon, Montaigne va de sujet en sujet, sans apparence de continuité, sans souci de but à atteindre. En témoignent encore ces formules pleines d'humour : "Revenons à noz bouteilles" (II, II, 344, c), "Mais venons à mon theme" (III, v, 847), "Retombons à nos coches" (III, VI, 915), brusques rappels d'un point de départ depuis longtemps oublié, masqué par tous les détours d'une pensée alerte mais vagabonde. Ces formules, que j'entasse ici, posent en réalité un problème dont on ne saurait faire l'économie ; elles ont amené maint critique à poser une sorte d'équivalence entre le livre et Montaigne, l'œuvre et l'homme, puisque cette assimilation résolvait la question : si l'un était désordonné, c'est que l'autre l'était aussi. Les *Essais* permettent d'ailleurs de justifier ce premier type d'explication, puisqu'ils procèdent eux-mêmes en plus d'un endroit à cette identification ; ou, mieux encore, puisque le livre se définit pour projet explicite de peindre son auteur, ses "conditions et humeurs" : "Je veus qu'on m'y voie en ma façon simple, naturelle et ordinaire, sans contention et artifice : car c'est moy que je peins" déclare l'avis "Au lecteur" qui précède le premier livre. Le projet autorise dès lors tout vagabondage, toute incohérence : le livre n'a pas d'autre objet que la fidélité à soi. "J'ay faict ce que j'ay voulu : tout le monde me reconnait en mon livre, et mon livre en moy" (III, V, 875) lit-on plus tard, ou encore, superbe justification du désordre : "Icy, nous allons conformement et tout d'un trein, mon livre et moy. Ailleurs, on peut recommander et accuser l'ouvrage à part de l'ouvrier ; icy, non : qui touche l'un, touche l'autre" (III, II, 806). Cette revendication du livre comme élément non distinct de la personne conduirait à charger Montaigne des vices de son livre — ce qui serait bien vain ; elle conduit aussi à voir dans le désordre du livre une marque de la fantaisie de son auteur. Une semblable assimilation n'aide en rien à expliquer l'absence d'ordre ; le transfert qu'on opère en passant du texte à l'auteur ne donne aucune raison au désordre. Ce premier type de réponse ressemble fort à la *vertu dormitive* de l'opium. En outre, elle rend à la limite dérisoire dès le premier abord toute opinion dans les *Essais,* puisque cette opinion n'aurait, d'après le projet de se peindre, une quelconque valeur qu'à la condition de donner un exact reflet de l'opinion réelle de l'homme Montaigne. Une conséquence si absurde, démentie par la fortune même des *Essais,* entraîne aussitôt, par la mise en œuvre du postulat de la profondeur, le pressentiment d'un "ordre caché". Comment, en effet, eût-on admis cette vue scandaleuse qui fait des *Essais* un livre d'humeur et d'insignifiance, le produit indocile de la gratuité d'écrire ? Tant de leçons ont pu s'y puiser qu'il ne peut s'agir là que d'une apparence trompeuse.

"D'une veuë oblique."

Donnons donc un bref inventaire de quelques "vues obliques" telles que les ont décelées un certain nombre de critiques. J'ai délibérément écarté de cette présentation les études étendues, en particulier de Villey et de Friedrich et n'ai retenu que des articles ayant directement trait à la "composition", à l'ordre, dans les *Essais.* Aucune de ces interprétations ne me paraît choquante, fausse si l'on veut, mais aucune n'emporte non plus l'adhésion. Cette indécision provient peut-être de l'impossibilité d'offrir en vingt ou trente pages une interprétation convaincante, peut-être aussi est-elle due à quelque raison plus grave, en rapport avec le fait même de la lecture. Toute lecture déplace avec elle, et quelles que soient ses fins explicites, les normes d'une problématique, dont il se produit souvent qu'elle ignore les implications décisives.

R. Sayce a donné deux articles de titres différents, mais d'identique objet : "L'ordre des Essais de Montaigne" (Bibliothèque d'Humanisme et Renaissance, XVIII, 1956, pp. 7-22) et "Montaigne et la peinture du passage" (*Saggi e ricerche di letteratura francese,* t. IV, 1963, pp. 11-59). Le désordre apparaît à ce critique comme une composante naturelle d'un art de penser et d'écrire, et qui applique en fait trois thèmes : la dissolution de la forme logique, la recherche par approximations concentriques (vulgairement, tourner autour du sujet), un développement par contraires. Ces thèmes évoquent immédiatement une image, celle en qui Montaigne lui-même traduit son propre mouvement, "mouvement d'yvroigne titubant, vertigineux, informe". Si bien que la plupart des analyses présentées par Sayce donnent une impression de pertinence par leur attention au mouvant, à l'indistinct, à l'anecdotique. Cette pertinence à l'apparence des *Essais* découvre alors une règle du désordre : la composition circulaire, dans laquelle "la mort mène à la vengeance et la vengeance à l'amour" (*Montaigne et la peinture*..., p. 56).

La recherche d'un accord harmonique avec le texte conduit à inventer une règle qui lui soit immanente, à trouver dans le désordre même sa loi. Cette démarche est vouée à un échec explicite, puisque le critique termine ainsi : "La pensée que nous avons décrite, et que décrit Montaigne, est une pensée anarchique et informe, et c'est là ce qui fait sa grandeur" (*ibid.*, p. 59). Une telle formule déroute : elle renonce effectivement à expliquer le texte, et en même temps, elle pressent un autre développement qu'elle est incapable d'assumer. Ce renoncement et cette incapacité relèvent tous les deux d'une même origine : l'activité souterraine d'une psychologie, l'associationnisme, à l'intérieur d'une idéologie critique, l'illusion interprétative ; ils se révèlent par l'intermédiaire d'une même pratique, que l'on peut qualifier, en des termes définis par G. Bachelard, d'empirisme rationnel (voir, entre autres, *La formation de l'esprit scientifique, La philosophie du non...).* On pourrait de même décrire les tentatives de F. Gray dans *Le style de Montaigne* (Nizet, 1958), très proche de Sayce ; de M. Baraz, *Sur la structure d'un essai de Montaigne (III, XIII)* (*B. H. R.*, XXIII, pp. 265-281) et "Le sentiment de l'unité cosmique chez Montaigne" (*Cahiers de l'Association Internationale des Etudes Françaises*, n° 14, 1962, pp. 211-224) qui attribue le désordre des *Essais* à la peinture baroque de l'unité diverse du monde, hypothèse à laquelle se prête un instant H. Friedrich. Ces diverses interprétations reposent sur un postulat esthétique ; les *Essais* sont un livre d'art, ils font le portrait du monde ; par fidélité à l'objet de leur peinture, ils transcrivent le désordre du monde. Le désordre des *Essais* n'est rien d'autre que la marque d'un acquiescement au désordre universel. Cette hypothèse répond à un certain nombre d'exigences : elle se garde de commettre des anachronismes puisque les *Essais* sont écrits au moment même où la "période baroque" commence ; elle prend en considération les revendications explicites de Montaigne concernant l'allure poétique "à sauts et à gambades", ses louanges intéressées du *Phèdre* "mi party d'une fantastique bigarrure, le devant à l'amour, tout le bas à la rhetorique. Ils ne creignent point ces muances, et ont une merveilleuse grace à se laisser ainsi rouler au vent, ou à le sembler" (III, IX, 994, c) ; elle semble, enfin, répondre à la question du désordre en formulant cette règle esthétique de la fidélité au réel, analogie ou ressemblance du portrait au modèle. De là le succès de cette forme de glose, surtout en pays anglo-saxon, bien qu'elle fasse l'économie d'une question essentielle pour elle : est-il de la matière de l'essai de créer une poésie ?

Un autre ordre d'hypothèses a été formulé, notamment par des universitaires français en réaction contre des tendances "irrationnelles" de la critique anglo-saxonne : J. Thomas, *Sur la composition d'un essai de Montaigne* (*Humanisme et Renaissance,* t. V, 1938, pp 297-306) qui critique, à propos de III, IX, l'essai de G. Norton ; R. Jasinski, *Sur la composition chez Montaigne* (*Mélanges H. Chamard,* 1951, pp. 257-207) qui analyse en particulier les essais VI, IX et X du livre III ; Etiemble, *Sens et structure dans un essai de Montaigne* (*CAIEF,* n° 14, 1902, pp. 263-274) qui met "Des coches" à la question. Ces trois études s'attachent à dépister un fil conducteur intelligible dans chacun des essais considérés, une continuité intellectuelle entre les divers développements. Elles reposent sur le postulat explicite que "tout y est relié par une pensée" (Etiemble), qu'il est possible de retracer le cheminement d'une pensée qui "gradue les progressions et les effets, ménage s'il le faut de brusques élargissements "(Jasinski), de déceler à travers l'apparence informe une "unité d'intention" (Thomas). Une telle démarche prend l'exact contrepied des analyses précédentes, comme en témoignent la verve et la verdeur des critiques adressées par Etiemble à Baraz ou Sayce, à l'associationnisme : "Qui ne reconnaît là le mécanisme littéraire ou mental qui enchantait les garnements dont je fus : BOIS de camPECHE ; PECHE à la LIGNE ; LIGNE de FOND ; FOND de CULOTTE..." (p. 266). L'exigence d'un contenu rationnel en chaque essai conduit alors à analyser le passage d'un thème à un autre pour y découvrir un principe de continuité. Ces tentatives ne nient aucunement le désordre ; après en avoir formulé des raisons, elles l'*expliquent*, c'est-à-dire elles le déplient et le plient à une raison fondamentale : apologie personnelle, libération de la conscience de soi (Thomas), des fausses raisons (Jasinski), critique politique (Etiemble).

Cette dernière hypothèse mérite que l'on s'y arrête. Au terme de son étude où il établit que "Des coches" critique avec dureté "*nos* rois, *nos* mœurs, *notre* économie, la politique coloniale de *notre* religion", Etiemble, polémique, conclut : "Entrevoyez-vous maintenant pourquoi, de 1870 à 1940, nul n'a su, ou n'a voulu, comprendre cet essai ? De même qu'on s'évertuait alors à imposer aux *Pensées* de Pascal un ordre forcé, en tout cas le plus apologétique du monde, mais qu'on s'obstinait à nier l'ordre évident qui organise les *Pensées philosophiques* de Diderot, et nous commande d'y lire une profession déjà de matérialisme, ainsi, quand les grandes puissances européennes colonisaient l'Afrique et l'Asie par des méthodes, hélas ! (vingt livres l'ont publié, dont celui d'André Gide sur le Congo) qui ne valent guère mieux que celles des Espagnols à Mexico et à Cusco, la raison d'État je ne dis pas imposait, mais suggérait que mieux valait éviter ou édulcorer certains sujets" (p. 272). On conçoit alors qu'un *contenu* si explosif ait exigé de la part de Montaigne, en premier, un ensemble de précautions. En toute matière où la pensée individuelle va à l'encontre de la doctrine sociale, à qui ne veut pas abdiquer toute autonomie personnelle, l'écriture sert de masque en même temps que d'aveu. Si je donne à mon livre une apparence de gratuité, c'est que j'ai intérêt à "désamorcer" mes notations, à dissimuler volontairement ce qu'elles peuvent avoir de dangereux et pour la société et pour moi. La part de la prudence est part nécessaire en un temps d'inquisition où les fagots s'enflamment aisément : "Ce que je dis, comme celuy qui n'est ny juge ny conseiller des Roys ny s'en estime de bien loing digne, ains homme du commun, nay et voué à l'obéissance de la raison publique et en ses faicts et en ses dicts. Qui mettroit mes resveries en compte au prejudice de la plus chetive loy de son village, ou opinion, ou coustume, il se feroit grand tort, et encore autant à moy" (III, XI, 1033), et autres formules émollientes dont la fonction permanente est de protéger les *Essais* des rigueurs de la censure ou des menaces du bûcher. Ainsi en tête de l'essai "Des prières" (I, LVI), Montaigne place un paragraphe de précautions oratoires avec une belle humilité : "Je propose des fantasies informes et irresolues, comme font ceux qui publient des questions doubteuses, à débattre aux escoles : non pour establir la vérité, mais pour la chercher. Et les soubmets au jugement de ceux à qui il touche de régler, non seulement mes actions et mes escris, mais encore mes pensées. Esgalement m'en sera acceptable et utile la condamnation et l'approbation, (c) tenant pour execrable, s'il se trouve chose ditte par moy ignoramment ou inadvertament contre les saintes prescriptions de l'Église catholique, apostolique et romaine, en laquelle je meurs et en laquelle je suis nay" (317-318). On cite d'ordinaire la fin de la phrase pour "démontrer" le conservatisme de Montaigne, son catholicisme de la plus belle eau. Sans tomber dans l'excès inverse (Montaigne révolutionnaire, athée convaincu), il importe de marquer, selon les vues d'Etiemble, que cette profession de foi fort orthodoxe, où Montaigne prend soin d'employer la formule solennelle "catholique, apostolique et romaine", vient justement avant cette simple proposition : "Et pourtant, me remettant tousjours à l'authorité de leur censure, qui peut tout sur moy, je me mesle ainsin temerairement à toute sorte de propos, comme icy" (318, a) ; ne voir ici qu'une coïncidence revient à ne pas y voir. On en arrive même à une telle répétition de la diplomatie rhétorique, qu'est ressenti le besoin de redoubler la précaution, d'en affirmer la véracité : "adjoustant tousjours ce refrein, non un refrein de ceremonie, mais de naïfve et essentielle submission ; que je parle enquerrant et ignorant, me rapportant de la resolution, purement et simplement, aux creances communes et legitimes" (III, II, 806 ; il s'agit du repentir, et Montaigne ne lui accorde, comme on sait, guère de prix). Pour que fût déployé un tel luxe de précautions, il fallait que la pression sociale fût bien forte, mais aussi que l'opinion de Montaigne fût bien dangereuse à dire. Le temps des guerres civiles était sans doute trop troublé pour permettre une totale liberté d'expression. Le désordre des *Essais* assume alors une fonction périlleuse : *masquer la force corrosive de la pensée*. Ce dédoublement de la phrase et de l'idée a déjà été relevé, exposé par Montaigne qui dit de ses sentences : "Elles portent souvent, *hors de mon propos*, la semence d'une matiere plus riche et plus hardie, et sonnent à gauche un ton plus délicat, et pour moy qui n'en veux exprimer davantage, et pour ceux qui rencontreront mon air" (I, XL, 251, c). A bon entendeur, salut ! Mes vérités ne sont pas où on les attend, où la censure me guette ; je les expose "hors de mon propos", en d'autres lieux. "Joint qu'à l'adventure ay-je quelque obligation particulière à ne dire qu'à demy, à dire confusement, à dire discordamment" (III, IX, 995-6, c). On ne saurait mieux donner à un lecteur attentif le goût de chercher dans son enveloppe pacifique le fruit défendu. Etiemble, sagace, a décelé la supercherie avouée ; Baraz, à son tour, relève cette formule, et la commente ainsi : "Cette phrase, énigmatique et plurivalente en elle-même définit en fait la manière littéraire de Montaigne, et laisse entendre que celle-ci a pour but, entre autres, de cacher un non-conformisme qui pourrait être dangereux dans une société qui n'est pas gouvernée par la raison" (*L'être et la connaissance...*, p. 91). Cette écriture "de biais", discordante, fait partie d'une politique de la prudence et de la tentation ; le désordre est bien un labyrinthe, mais dont la clé est remise explicitement à tout lecteur ; dans les replis de mes phrases anodines s'étalent mes vérités subreptices. Le désordre, comme en d'autres temps le symbole, l'allégorie, le mythe, le conte, la science-fiction, est avant tout, dans cette hypothèse, l'instrument de ma tranquillité[1].

Ce second type d'interprétations semble donc répondre à la question du désordre en formulant cette fonction diplomatique, produit conscient et volontaire de la prudence temporelle de Montaigne. Il a, sur le premier type de réponse, l'avantage d'être couramment attesté dans la production littéraire, d'assigner une finalité précise et historiquement localisable à un procédé littéraire, de permettre en quelque sorte d'établir un lien repérable entre le livre et les conditions historiques de son élaboration. Il n'élude pas, en outre, la question qu'il suppose, à savoir : est-il de la matière d'un essai d'affirmer une opinion ? Puisqu'il y répond d'emblée par l'affirmative. Les difficultés n'en sont pas levées pour autant. Ce type d'hypothèse suppose

---

[1] Voir un mécanisme analogue pour Rabelais, qui passerait d'un évangélisme triomphant à une forme secrète de prédication. V.-L. Saulnier, *Le dessein de Rabelais*, SEDES, 1957.

en effet une "œuvre littéraire" entièrement assujettie aux fins qu'elle se définit explicitement, un texte qui ne déborde jamais son projet conscient et dont tous les aspects divers peuvent être subsumés sous une même loi, celle de dire ce que l'auteur pense. On assiste dans ce cas à une élimination radicale (ou, ce qui revient au même, à une dépendance totale) de tout ce qui, dans le texte, n'est pas l'expression d'une opinion. Cette démarche réductrice conduit, par les amputations constantes auxquelles elle est amenée à procéder, à lire le texte des *Essais* comme celui d'un traité, d'un pamphlet ou d'une prédication. Une telle lecture assimile donc les *Essais* à un *discours idéologique*, compliqué, replié, mais univoque en dépit de l'apparence qu'ils se donnent, niant par là même ce que ses adeptes affirment avec force en d'autres lieux, la *qualité esthétique du livre*[1]. En outre, elle retombe directement dans l'ornière décrite plus haut : il lui reste à déterminer la position de Montaigne sur les divers sujets qu'elle privilégie, et se heurte donc à nouveau aux difficultés préliminaires déjà énoncées. La recherche d'un sens idéologique produit une méconnaissance radicale du texte et passe nécessairement par une lecture partielle pour déterminer des positions illusoires.

Conditions d'une connaissance.

Ces diverses hypothèses, idéologiquement satisfaisantes, historiquement conformes aux idées en usage au seizième

---

[1] Voir les analyses de P. Macherey, *op. cit.*, "Lénine critique de Tolstoï", et les énoncés d'A. Badiou dans son bref et important article sur "L'autonomie du processus esthétique" (*Cahiers marxistes-léninistes*, nos 12-13, été 1966 pp. 77-89), en particulier l'énoncé 4 : "Ce que le processus esthétique transforme est *différentiellement homogène* à ce qui transforme".

siècle, adaptées en apparence à la texture et à la configuration des *Essais,* présentent un inconvénient majeur : les raisons qu'elles formulent du désordre transforment *ipso facto* ce désordre en ordre caché ; au désordre se substitue un ordre consciemment et volontairement "oblique". Que l'incohérence apparente du livre relève de la fidélité à la nature mouvante du monde baroque (ordre esthétique), ou de la dissimulation prudente des opinions socialement dangereuses (ordre idéologique), on aboutit à formuler de l'incohérence même une raison qui en donne le *principe unificateur* : l'unité ontologique de l'univers ou l'objectif politique et idéologique à atteindre. Dans l'un et l'autre cas, on suppose implicitement que le livre relève, au fond, d'un projet unique énoncé en lui ; les *Essais* désirent atteindre à la beauté absolue d'une peinture fidèle, ou à l'efficacité historique relative d'un ensemble d'opinions susceptibles d'influer sur le comportement de leurs contemporains. Dans l'un et l'autre cas, on affirme des finalités extérieures au livre, pour pouvoir l'interpréter selon ce qu'on juge être sa nature. La lecture, alors, reçoit pour seule fonction de repérer le principe unificateur et de décrire ses modes d'application, *d'extraire du livre le sens qui s'y trouve enseveli.* Ces hypothèses n'envisagent le désordre que pour mieux le détruire là-même où il se tient, que pour mieux, derrière lui et malgré lui, affirmer une unité idéologique. La figure du livre est alors un cercle dont il suffit de connaître le rayon pour posséder toutes les déterminations, une totalité rigoureusement close et interprétable.

Ces lectures se refusent à tenir compte du désordre en tant que tel ; elles escamotent, sans doute malgré elles, une innovation fondamentale de Montaigne lui-même, cette innovation intellectuelle, philosophique, qui lui rend tous sujets possibles, toute opinion soutenable, toute beauté saisissable, parce qu'il s'est assigné un objet radicalement différent, parce que les *Essais* sont parvenus à *déplacer toute question*, y compris celle de leur fin. A ce déplacement tient la différence radicale des *Essais* avec tant d'autres traités de leur temps, ou même avec ses "rejetons" pervertis comme la *Sagesse* de Charron, pervertis parce qu'ils ont eux-mêmes méconnu la découverte de Montaigne. La question du désordre ne peut alors être posée, et peut-être résolue, qu'une fois déterminé l'objet des *Essais*, c'est-à-dire la question philosophique de leur démarche. Cette question ne doit pas avoir pour conséquence de renverser le désordre en ordre caché, de le retourner, mais au contraire de le constituer comme élément d'une production littéraire et philosophique. A cette condition seront évitées les réductions à l'unité esthétique ou idéologique.

Un détour est ici nécessaire, pour essayer de poser le problème de la connaissance dans les *Essais*, et décrire l'attitude de Montaigne devant les conditions de validité de toute connaissance, y compris celles de son livre et de soi.

CHAPITRE 3

CONDITIONS DE LA CONNAISSANCE

Le droit d'affirmer nous est, croyons-nous, aussi naturel que celui de manger ou de respirer ; comme aussi, selon la parole coutumière, le fait de mentir. A qui, sans transgression coupable, joint d'un lien indissoluble l'affirmation et le mensonge est, du même coup, retiré le droit de parler. Cette incertitude globale de la parole figure d'ordinaire un moment, crise ou étape, dans l'évolution de la pensée de Montaigne : son stade sceptique dans la chronologie trinitaire. On a dès longtemps relevé cette "humiliation de l'homme", exprimée d'un seul souffle dans le "traité" compact que forme l'"Apologie de Raimond Sebond" ; on en a donné maintes raisons, entre autres la lecture de Sextus Empiricus, influente si l'on en croit la balance emblématique dont Montaigne fit faire une médaille ; on en a tiré plus d'une conséquence, entre autres la faveur en laquelle on se plaît à tenir certaines phrases louant l'admirable simplicité et ignorance des humbles ou des primitifs. Situé au beau milieu du texte complet par la grâce du troisième livre ajouté, ce long chapitre marque, selon la plupart des commentateurs, l'examen radical au terme duquel seul un renoncement explicite à la connaissance, à la vérité, reste possible ; toute l'activité de Montaigne se tournant désormais vers l'accomplissement raconté d'une sagesse, à l'image du palefrenier ou du paysan. D'un appétit mondain de connaissance, Montaigne se replierait vers la béatitude de l'existence, acceptation sereine de l'ordre des choses, participation librement décidée à la nature et à l'être. Dans sa marche au bonheur et à la vertu, qui sont, comme on sait, les deux faces d'un même état, dans cette lente et difficile accession à l'harmonie spirituelle vécue, l'"Apologie" joue le rôle d'une illumination. En elle, Montaigne a parcouru son chemin de Damas ; au malheur de l'ignorance succède le bonheur de l'inscience. Un tel itinéraire, s'il est juste, autorise effectivement une lecture éthique des *Essais* ; il la privilégie même comme la seule fondée, s'appuyant, par exemple, sur une formule, bien nettement détachée entre deux paragraphes : "Je dy donq que, si la simplesse nous achemine à point n'avoir de mal, elle nous achemine à un tres-heureux estat selon notre condition" (II, XII, 493). Pareille simplesse n'appartient pas, hélas, à notre condition ; et mieux vaut ne pas, en ce préambule, oublier l'addition qui suit : "Si ne la faut il point imaginer si plombée (notre condition), qu'elle soit du tout sans goust. Car Crantor avoit bien raison de combattre l'indolence d'Epicurus, si on la bastissoit si profonde que l'abort mesme et la naissance des maux en fut à dire. Je ne louë point cette indolence qui n'est ny possible ny desirable. Je suis content de n'estre pas malade ; mais, si je le suis, je veux sçavoir que je le suis ; et si on me cauterise ou incise, je le veux sentir. De vray, qui desracineroit la cognoissance du mal, il extirperoit quand et quand la cognoissance de la volupté, et en fin aneantiroit l'homme : Istud nihil dolore, non sine magna mercede contingit immanitatis in animo, stuporis in corpore" (493, c). Une contradiction de cette farine aurait dû au moins suspendre le vol de quelques bons prêcheurs ; on peut parler pour l'ignorance, on n'y est pas pour cela tenu. Plutôt que de polémiquer, j'emprunterai ici une autre voie, celle de la connaissance.

Quels que soient, par ailleurs, les objectifs que poursuit Montaigne dans et par l'"Apologie", particulièrement ses objectifs religieux dont peut-être on pourrait trouver quelque trace en étudiant (comme cela a été entrepris) les divergences sérieuses et nombreuses entre Sebon et la "défense" qu'en présentent les *Essais*, l'un des thèmes les plus fréquemment développés est celui de la vanité des connaissances, ou pour mieux dire de l'illégitimité radicale de ce terme (connaissance) pour désigner un domaine même restreint des pensées humaines. Cet abus, dont peuvent être tirées toutes conséquences éthiques et théologiques, a pour origine l'oubli inconscient mais volontaire de deux considérations préalables : l'infinie diversité de l'univers, l'infirmité fondamentale de la raison humaine. Ces thèmes ont été assez décrits pour qu'il ne soit pas nécessaire d'y insister, mais aussi suffisamment déviés par des partis éthiques ou théologiques pour qu'il soit besoin de les situer.

Connaissance des choses : aporie n° 1.

La connaissance des choses, de la réalité, apparaît dès l'origine comme une entreprise immense et complexe, à l'image même de ce dont elle vise à rendre compte. Il n'est pas inutile de noter que la connaissance représente un *mode d'identification,* c'est-à-dire un processus par lequel on pourrait à la fois établir une nomenclature, voire des séries, peut-être même une classification, et aussi une identité entre une forme pensée et une substance concrète. Cette conception n'entretient avec la connaissance scientifique, y compris celle du seizième siècle, que de lointains rapports, ou pour mieux dire des rapports d'opposition. C'est en laissant de côté la question d'une identification, d'une nomenclature et même d'une classification des corps qui tombent, que Galilée peut enfin mettre sur ses pieds la physique moderne, en passant de l'inventaire des objets concrets à la loi des "objets abstraits" qu'il abandonne la physique naturelle aux philosophes et réserve, provisoirement, aux savants, la physique mathématique[1]. D'un tout autre objet, la connaissance, selon Montaigne, semble une *entreprise spectatrice*, qui, en tant que telle, ne peut que relever l'hétérogénéité, la diversité des apparences. L'accent est alors très logiquement placé sur deux obstacles à l'entreprise : la variété infinie des phénomènes et l'immensité de l'espace et du temps. Obstacles souvent décrits comme une clé de l'abdication intellectuelle de Montaigne. Un passage de II, XXXVII semble en effet constituer cet obstacle comme aporie. Évoquant les atteintes nouvelles et, en un sens, décisives, de la gravelle, Montaigne commente : "Il est certaine façon d'humilité subtile qui naist de la presomption, comme cette-cy, que nous reconnaissons nostre ignorance en plusieurs choses, et sommes si courtois d'avouer qu'il y a és ouvrages de nature aucunes qualitez et conditions qui nous sont imperceptibles, et desquelles nostre suffisance ne peut descouvrir les moyens et les causes. Par ceste honneste et consciencieuse declaration, nous esperons gaigner qu'on nous croira aussi de celles que nous dirons entendre. Nous n'avons que faire d'aller trier des miracles et des difficultez estrangeres ;

---

[1] Voir les études d'A. Koyré, et en particulier *Une expérience de mesure*, dans *Etudes d'histoire de la pensée scientifique*, P. U. F., 1966, pp. 253-283.

il me semble que, parmy les choses que nous voyons ordinairement, il y a des estrangetez si incomprehensibles qu'elles surpassent toute la difficulté des miracles. Quel monstre est-ce, qu'une goutte de semence dequoy nous sommes produits, porte en soy les impressions, non de la forme corporelle seulement, mais des pensemens et des inclinations de nos peres ? Cette goutte d'eau, où loge elle ce nombre infiny de formes ?" (763). La part faite à la fonction proprement médicinale d'un tel aveu d'impuissance, sa situation chronologique rendue à un tel passage, sa valeur d'exorcisme avouée à cette "honneste et consciencieuse declaration", il reste bien une aporie de la connaissance : tout phénomène est incompréhensible, notamment en raison des disproportions entre l'infinité de la matière et la finitude de l'esprit.

L' "Apologie" semble avoir pour projet de déclarer cette aporie. D'où l'accumulation des constats par lesquels Montaigne compte, sinon établir, du moins montrer les difficultés de toute recherche des causes. Il suffit en effet d'ouvrir les yeux pour que surgisse ce premier obstacle des différences multiples entre toutes choses : variété des espèces animales, variété des phénomènes célestes et terrestres, variété des espèces humaines, toutes apparences entre lesquelles n'apparaît aucun lien, aucune unité intelligible. A ce premier constat dû au spectacle présenté aux yeux du premier homme, s'en ajoute aussitôt un second, plus "savant" : "Nous voyons en ce monde une infinie difference et varieté pour la seule distance des lieux. Ny le bled, ni le vin se voit, ny aucun de nos animaux en ces nouvelles terres que nos peres ont descouvert ; tout y est divers" (525). En s'informant sur cet autre, nouveau, monde que notre monde vient de découvrir, le spectateur, loin de trouver dans sa découverte des éléments qui lui permettraient d'établir des liens, des analogies, possède désormais la matière d'un nouvel inventaire ; l'information sur l'espace n'a fait qu'augmenter la tâche, elle a accru le nombre des phénomènes, sans en fournir de clé ; l'information n'a servi qu'à répertorier quelques mystères de plus. D'autres découvertes, peut-être, nous donneront à voir ces "contrées où les hommes naissent sans teste, portant les yeux et la bouche en la poitrine ; où ils sont tous androgynes ; où ils marchent de quattre pattes ; où il n'ont qu'un œil au front, et la teste plus semblable à celle d'un chien qu'à la nostre ; où ils sont moitié poissons par embas et vivent en l'eau..." (525) ; pourquoi non ? puisque l'extension du spectacle, à soi seule, comporte toutes les possibilités dans le recul de ses frontières, puisque la réalité présente est déjà au-delà de nos fictions imaginaires et qu'après tout le poète a décrit le Cyclope Polyphème et les Sirènes aux voix de glu. Enfin, en s'informant sur ce même premier spectacle, l'observateur du temps présent dresse aussi, parallèlement, ce troisième constat, plus "savant" que les deux premiers, mais non moins immédiat : que toutes choses ne datent pas d'aujourd'hui, ni même d'hier, ni ne s'achèvent aujourd'hui ou demain. Les observations qui valaient pour l'espace, valent aussi pour l'histoire : la découverte des anciens ne nous a pas donné la clé de notre temps, elle n'a fait qu'ajouter à la matière de l'inventaire. Le spectacle ne nous offre ainsi que des obstacles à l'intelligence du spectacle, à sa connaissance ; son ampleur nous assied au rang de spectateurs. La diversité du monde tourne en dérision, en confusion, l'entreprise spectatrice.

Infirmité de la raison : aporie n° 2.

En fait, cette entreprise spectatrice n'est rien d'autre qu'une *entreprise spéculaire*. Aux difficultés innombrables (au sens propre, impossibles à seulement dénombrer) de la science, s'ajoutent immédiatement, et dès le début de la recherche, les difficultés qui tiennent à notre raison même. Toute affirmation d'une connaissance des choses nous renvoie aussi à nous-mêmes ; si la matière fait problème, l'esprit ne le fait pas moins. Poser l'identité d'une forme pensée et d'une substance concrète suppose que l'une et l'autre ont été rigoureusement isolées. De même qu'il est impossible au spectateur de séparer un élément de la diversité des formes, de même, parallèlement, il serait impossible au penseur de séparer une notion des conditions qui l'enveloppent. Ainsi, par quel décret décider que cette opinion est celle de la raison humaine ? Il ne s'agit plus maintenant d'augmenter l'extension du champ des méconnaissances, mais de mettre en question ces connaissances mêmes dans leur processus d'élaboration. Que l'"Apologie", par un long inventaire mythique de l'intelligence animale, ait ramené l'homme à son rang de créature parmi d'autres, ne résout en rien le problème : situé à sa juste place de bipède dans l'ordre théologique ou naturaliste de la création, l'homme demeure cet être dont la raison produit ce qu'elle croit être une connaissance. Cette croyance illusoire repose, ici encore, sur l'oubli inconscient et volontaire de deux préalables : l'irrationalité du jugement dit rationnel, l'impossibilité radicale à "sortir de soi". L'accumulation ironique des opinions philosophiques à laquelle l'"Apologie" se joue pendant près de vingt pages aboutit nécessairement à ce constat d'échec, que la raison "c'est un pot à deux anses, qu'on peut saisir à gauche et à dextre" (581, b). Raison équivoque, donc, pour ce seul motif qu'à chacun ses raisons : "J'appelle tousjours raison cette apparence de discours que chacun forge en soy : cette raison, de la condition de laquelle il y en peut avoir cent contraires autour d'un mesme subject, c'est un instrument de plomb et de cire, alongeable, ployable et accommodable à tous biais et à toutes mesures" (565). Des deux formes possibles de décrets, la raison n'est capable de suivre que le "canon de Lesbos", la jurisprudence aux règles molles, justice rapportée à chaque cas et à chaque juge. La Raison est sans cesse déformée selon nos raisons, c'est-à-dire nos absences de raison. L'affirmation d'une connaissance ne renvoie pas à une parole de la Raison, mais à une vésanie de nos passions, comme le dépistent plusieurs pages qu'il faudrait citer entières : "Mais, pour revenir à mon propos, nous avons pour nostre part, l'inconstance, l'irresolution, l'incertitude, le deuil, la superstition, la sollicitude des choses à venir, voire, apres notre vie, l'ambition, l'avarice, la jalousie, l'envie... :" (voir la suite, 486). L'intrusion sournoise de nos sentiments dans nos discours vicie radicalement leur "pureté" ; elle peut même être si forte qu'elle pervertit totalement la raison, la tourne en folie, comme en témoigne l'exemple du Tasse (492). Raison et délire se côtoient sans cesse : "Qui ne sçait combien est imperceptible le voisinage d'entre la folie avec les gaillardes elevations d'un esprit libre et les effects d'une vertu supreme et extraordinaire ?" (492). L'intention apologétique mise à part, qui décrit avec une minutie menaçante les risques de l'ambition intellectuelle et les châtiments subis par ceux qui ont voulu "escheler les cieux", reste ce constat que nul n'est jamais assuré de parler par raison plutôt que par folie. En est cause cette impossibilité globale d'isoler des éléments, sens et entendement, sur laquelle sont présentés de nombreux exemples (567 et suivantes).

Ces difficultés seraient-elles par miracle résolues, les distinctions auraient-elles été produites, on se heurterait alors au second préalable, que la raison ne peut sortir de soi et saisir les choses. Toute connaissance renvoie à celui qui la proclame, non à l'objet qu'elle veut saisir : "Tout ce qui nous semble estrange, nous le condamnons, et ce que nous n'entendons pas : comme il nous advient au jugement que nous faisons des bestes. Elles ont plusieurs conditions qui se rapportent aux nostres : de celles-là par comparaison nous pouvons tirer quelque conjecture ; mais de ce qu'elles ont particulier, que sçavons nous que c'est ?" (467). Une opinion, même épurée, ne constitue pas une connaissance des choses, mais une opinion humaine qui ne nous dit rien d'assuré sur les choses : "Or il est vraysemblable que, si l'ame sçavoit quelque chose, elle se sçauroit premierement elle mesme ; et, si elle savait quelque chose hors d'elle, ce seroit son corps et son estuy, avant toute autre chose" (561). Cela, même circonscrit à l'objet le plus proche, elle n'en peut fournir une connaissance, raison prisonnière de son enveloppe. Le spectacle renvoie au spectateur, la connaissance n'est rien d'autre qu'un miroir, miroir dans lequel la raison ne distingue même pas ses propres traits, trop embrumée dans ses folies. Nous voici au rouet. "Or, nostre estat accommodant les choses à soy et les transformant selon soy, nous ne sçavons plus quelles choses sont en verité : car rien ne vient à nous que falsifié et alteré par nos sens" (600), d'où la conséquence du *cercle :* "Pour juger des apparences que nous recevons des subjets, il nous faudroit un instrument judicatoire ; pour verifier cet instrument, il nous y faut de la demonstration ; pour verifier la demonstration, un instrument : nous voila au rouet" (600). En ce cercle figure l'homme, désormais assurément incapable d'en sortir. La connaissance comme mode d'identification des choses nous est impossible.

Un chemin qui mène quelque part : aporie n° 3.

Le dessin de ce cercle a souvent été parcouru, mais son dessein ? Ici encore, écartons les conséquences théologiques. Ce parcours critique a produit un inventaire des opinions philosophiques telles que Montaigne les a lues et interprétées. Se tenant sur la clôture du cercle, Montaigne s'est acharné, d'un acharnement équivoque, à fermer toutes les issues possibles. L'empyrée, pas plus que l'empirisme, ne sont susceptibles de rationalisation. Posée en ces termes, c'est-à-dire dans les termes d'une problématique empiriste ou idéaliste, toute connaissance est vanité, "cuyder", présomption — soit un abus illégitime de l'entreprise en son entier. Ce point a souvent été souligné et repris. Mais quelles conséquences en tirer ? Si l'on ne "sort" pas de ce cercle, on abdique toute ambition de connaissance, et le discours écrit reçoit de ce fait même, eu égard à son intention première, une gratuité absolue — chose inacceptable. Reste une "sortie par le haut", c'est-à-dire mystique, "une adhésion de l'âme entière à l'ordre incompréhensible de la nature", curieuse "sortie" qui n'avait pas peut-être besoin d'une telle accumulation de preuves pour qu'on y soit acculé. Une autre solution était à envisager : s'il est vrai que ce cercle est produit par une problématique déterminée, une "sortie" est possible à condition de changer de problématique, de modifier la nature de la connaissance et de son objet. L'inventaire des opinions philosophiques aboutit alors, non à faire surgir de l'obscurité la vérité d'une philosophie ou d'une théologie, mais à nommer l'inanité de toute philosophie, car toute philosophie, posée en ces termes d'idéalisme et d'empirisme, ne peut que décrire un cercle, ne peut qu'arriver à son point de départ dans le temps même qu'elle croit arriver ailleurs, ne peut que faire l'inventaire de son incapacité. Pour s'être assigné comme objet l'identification des substances, la philosophie s'est condamnée à un échec irrémédiable. Pour l'avoir senti et vu, Montaigne a écrit : "Je ne suis pas philosophe". Sa critique de la philosophie, critique omniprésente, n'a pas pour effet de supprimer la connaissance, mais d'en changer les termes et l'objet.

L'"Apologie" se termine par un argument supplémentaire, bien superflu après l'accumulation des critiques déjà accomplie, celui de la mutation constante des choses et des êtres : "Finalement, il n'y a aucune constante existence, ny de noste estre, ny de celuy des objets. Et nous, et nostre jugement, et toutes choses mortelles, vont coulant et roulant sans cesse. Ainsin il ne se peut établir rien de certain de l'un à l'autre, et le jugeant et le jugé estans en continuelle mutation et branle" (601). A quoi peut bien servir cette nouvelle impossibilité après tant d'apories successives déjà entassées ? A convaincre mieux encore, s'il se peut, tout homme de la vanité d'une philosophie empiriste ou idéaliste ? Sans doute cette réponse convient-elle à la cohérence de l'"Apologie" dans son ensemble. Mais que cet argument nouveau, et qui, comme tous les autres, aurait à soi seul suffi, prenne place à la fin du traité suggère une autre hypothèse. Cet ultime constat porte en effet non plus sur la connaissance en soi, mais sur les conditions de production de toute connaissance ; cette nouvelle aporie conduit à dire : "Nous n'avons aucune communication à l'estre, parce que toute humaine nature est tousjours au milieu entre le naistre et le mourir, ne baillant de soy qu'une obscure apparence et ombre, et une incertaine et debile opinion" (601) ; en d'autres termes, elle nie la possibilité d'une connaissance dans les termes de la problématique philosophique antérieure, mais sa négation même pose d'autres termes qui appellent une autre connaissance, qui la produisent déjà : "Toute humaine nature est tousjours au milieu entre le naistre et le mourir". Le fait même de décrire l'impossibilité d'une connaissance telle qu'elle était antérieurement envisagée constitue déjà une connaissance autre et, peut-être, fondée. Cette proposition paradoxale mérite explication.

Introduction au Livre III.

Des conditions d'une connaissance fondée.

Le livre III s'ouvre sur un débat commun, fréquent dans les écrits humanistes, concernant les rapports délicats de la vertu privée et du bien public. Les thèses scandaleuses de Machiavel sur la séparation radicale de l'éthique et de la politique ont suscité tout au long du seizième siècle — et au-delà — des réponses vertueuses et indignées, comme celle d'Innocent Gentillet, dont le nom à soi seul est tout un programme, réponses qui prennent souvent la forme de l'*Institution du prince chrétien*, à l'imitation d'Erasme ou Budé, entre tant d'autres moins connus. Montaigne, moraliste par la publication des deux premiers livres, politique par sa fonction municipale à Bordeaux, se trouve donc représenter lui-même une vivante réplique de Machiavel. Encore convenait-il de justifier les discordances possibles, dans son passé, entre morale et politique, pour avoir le droit, moral, de poursuivre son œuvre. "De l'utile et de l'honneste" renvoie ainsi à ses activités antérieures et tente de dénouer quelques contradictions idéologiques, mais ne sert en rien à tracer les voies d'une poursuite : les apories cataloguées dans l'"Apologie" demeurent, et il faut bien les lever pour avoir le droit, intellectuel, d'écrire encore. Aussi le début du second chapitre apparaît-il comme la véritable introduction au livre III, celle dans laquelle sont posées de nouvelles conditions à l'entreprise, et, partant, un nouvel objet de connaissance.

"*b* Les autres forment l'homme ; je le recite et en represente un particulier bien mal formé, et lequel, si j'avoy à façonner de nouveau, je ferois vrayement bien autre qu'il n'est. Mes-huy c'est fait. Or les traits de ma peinture ne forvoyent point, quoy qu'ils se changent et diversifient. Le monde n'est qu'une branloire perenne. Toutes choses y branlent sans cesse : la terre, les rochers du Caucase, les pyramides d'Ægypte, et du branle public et du leur. La constance mesme n'est autre chose qu'un branle plus languissant. Je ne puis asseurer mon object. Il va trouble et chancelant, d'une yvresse naturelle. Je le prens en ce point, comme il est, en l'instant que je m'amuse à luy. Je ne peints pas l'estre, je peints le passage : non un passage d'aage en autre, ou, comme dict le peuple, de sept en sept ans, mais de jour en jour, de minute en minute. Il faut accommoder mon histoire à l'heure. Je pourray tantost changer, non de fortune seulement, mais aussi d'intention. C'est un contre-rolle de divers et muables accidens et d'imaginations irresoluës et, quand il y eschet, contraires ; soit que je sois autre moymesme, soit que je saisisse les subjects par autres circonstances et considerations. Tant y a que je me contredits bien à l'adventure, mais la vérité, comme disoit Demades, je ne la contredy point. Si mon ame pouvoit prendre pied, je ne m'essaierois pas, je me resoudrois ; elle est toujours en apprentisage et en espreuve.

Je propose une vie basse et sans lustre, c'est tout un. On attache aussi bien toute la philosophie morale à une vie populaire et privée que à une vie de plus riche estoffe ; chaque homme porte la forme entière de l'humaine condition.

c Les autheurs se communiquent au peuple par quelque marque particuliere et estrangere ; moy, le premier, par mon estre universel, comme Michel de Montaigne, non comme grammairien, ou poëte, ou jurisconsulte. Si le monde se plaint de quoi je parle trop de moy, je me plains de quoy il ne pense seulement pas à soy."

Ce texte reprend la dernière aporie de l'"Apologie", et évoque ce même fait qu'ont déjà décrit les premiers chapitres de chaque livre, par une curieuse constance des commencements. L'homme change sans cesse : "Certes c'est un subject merveilleusement vain, divers, et ondoyant que l'homme" (I, I, 9) ; "Ceux qui s'exercent à contreroller les actions humaines, ne se trouvent en aucune partie si empeschez, qu'à les r'appiesser et mettre à mesme lustre : car elles se contredisent communement de si estrange façon, qu'il semble impossible qu'elles soient parties de mesme boutique" (II, I, 331). L'homme en particulier, en dépit de quelque continuité occasionnelle (la forme maîtresse), est soumis aux lois de l'évolution à un point tel que la permanence de l'être, même son identité, fait problème. "Moy à cette heure et moy tantost sommes bien deux" (III, IX, 964, c). L'unité d'une nature est dissoute dans l'éparpillement des instants. Et, par conséquent, toute affirmation d'une connaissance de cette nature relève du "cuyder", de la présomption. Une telle soumission aux lois de l'évolution n'a rien d'étonnant si l'on veut bien prêter attention à ce fait que tout objet existant, toute réalité, y est de même soumis. Y compris cette partie du spectacle que nous prenons pour un décor inamovible et que notre imagination croit le symbole de la stabilité : à cause de la masse énorme et antique (le Caucase), à cause des lois de l'équilibre et de la largeur d'une assise (les pyramides). La lenteur d'une évolution ne change rien à l'évolution en soi : "La constance mesme n'est... qu'un branle plus languissant." Cet écoulement du temps produit, entre autres, deux conséquences, l'une esthétique et dont la poésie baroque a inventé un discours sur les irisations, les bulles, les reflets ; l'autre philosophique, dont on devrait ne pas pouvoir tirer de discours, sinon un flot ininterrompu de notations gratuites sans rapport avec la connaissance ou la vérité. Si toutes choses s'écoulent, comme disait Héraclite, si l'on ne se baigne jamais deux fois dans le même fleuve, alors la raison chancelle, faute d'un point d'appui permanent, et l'affirmation disparaît au profit du doute universel : "Je ne puis asseurer mon object. Il va trouble et chancelant, d'une yvresse naturelle". L'activité d'écrire risque d'être à ce compte dépossédée de toute justification, de toute signification.

Apparaît alors le second terme du paradoxe, celui que toute une part de la critique a privilégié pour faire de Montaigne le moraliste qu'elle souhaitait : il existe, en dépit des diversités et mutations, une nature humaine, multiforme certes, mais une. Ce qu'il s'agit de connaître, selon les préoccupations traditionnelles de la philosophie, c'est cette unité, ce dénominateur commun susceptible de rendre compte des apparences multiples. Les

Essais ont tenté cette voie, de la manière la plus simple : soit un ensemble de sujets variés dont tout laisse à penser qu'ils relèvent d'une même espèce, il suffit de faire une addition des éléments pour aboutir à la catégorie, puis une soustraction des différences occasionnelles pour obtenir la nature permanente. Ce processus d'accumulation se retrouve un peu dans tous les domaines, depuis les inventaires des plantes (Dioscoride, Théophraste, et leurs émules du seizième siècle avec leurs *Historia stirpium...),* jusqu'aux inventaires des lois (les recueils de droit coutumier, et en un sens la *République* de Bodin, si l'on ne tient pas compte de ses efforts méthodiques). Peut-être le savoir va-t-il sortir de ces additions ? L'essai I, XXIII, sur les coutumes, procède de cette manière en dressant un catalogue de bizarreries humaines, sans lien apparent les unes avec les autres (voir notamment les additions, aux deux sens du terme, 112-113) ; catalogue dressé à l'appui d'une réflexion critique : "Les miracles sont selon l'ignorance en quoy nous sommes de la nature, non selon l'estre de la nature" (112), où nous retrouvons un thème déjà vu. Mais l'entreprise échoue, et pour une raison simple : qui m'assure que mon addition peut à un moment être déclarée complète ? qui m'assure que je n'oublie pas un terme qui va tout remettre en question ? qu'en est-il du Cyclope, et de l'Hydre à têtes humaines ? La "nature humaine", puisque nature il doit bien y avoir, échappe inéluctablement à toute tentative de connaissance ; quelle que soit l'ampleur de mon information, je ne pourrai jamais parvenir à connaître la nature en soi, et pourtant, "chaque homme porte la forme entière de l'humaine condition".

Le paradoxe de l'entreprise se situe bien là, que tout change sans cesse, que néanmoins demeure l'humaine condition. Pour être poursuivie, l'entreprise doit, au *préalable,* résoudre cette aporie. Pour cela, elle doit changer de forme et d'objet.

1) Il ne s'agit pas de peindre l'être, mais le devenir. A l'unité d'un état, se substitue la diversité des états successifs, discontinus, instantanés. La connaissance limite ses ambitions et circonscrit son objet du général au particulier, de l'éternité des "essences" à la minute des apparences. D'où l'opposition entre "essayer" et "résoudre".

2) Si toute chose est soumise au temps, le passage, la mutation figurent l'une des nécessités extérieures auxquelles est soumis l'homme ; le changement, loi extérieure à l'homme en soi, est ainsi l'une des composantes essentielles de sa nature, l'une de ses constantes, sa *forme obligée.* Si, en dépit de tous les obstacles, je ne renonce pas à connaître ou à tenter de connaître la "nature humaine", la seule voie qui me reste pour m'en approcher est de m'attacher à sa forme permanente, c'est-à-dire à ses mutations. D'où l'opposition entre l'être et le passage.

3) Il ne s'agit donc plus de décrire l'essence des choses mais leur apparence pour moi. Je ne puis connaître, pour cause d'apories accumulées, la *nature* des êtres, mais seulement les *phénomènes* de cette nature tels qu'ils m'apparaissent. Les impossibilités décrites dans l'"Apologie" n'ont plus cours ici : l'objet de la connaissance a changé ; les descriptions n'ont plus un caractère d'inventaire, mais de constat. D'où l'opposition entre "former" et "reciter", du droit au fait.

4) Ce changement d'objet entraîne aussi un changement de forme. La connaissance ne peut plus être un mode d'identification qui établirait une identité entre la pensée et la chose. Le sujet connaissant et l'objet à connaître appartiennent désormais au même domaine : celui de la pensée. L'esprit n'a

pas à "sortir de soi" pour connaître, il n'est plus affronté au "rouet" puisqu'il a constitué ce rouet comme limite de son objet. Aussi à la connaissance selon l'ancienne problématique peut se substituer la conscience de soi, la description de soi. D'où l'opposition : "Si le monde se plaint dequoy je parle trop de moy, je me plains dequoy il ne pense seulement pas à soy" (en quoi "penser" et "parler" sont identifiés)[1].

Dans ces conditions, la poursuite des *Essais* se voit bien intellectuellement, philosophiquement justifiée. Plus, elle est la seule entreprise possible pour répondre à la question posée ailleurs, en d'autres temps : "Qu'est-ce que l'homme ?" ; parce qu'elle en est parvenue à cette élimination des faux problèmes, et des fausses réponses, pour ne plus poser que cette question : "Qu'est-ce que l'homme que j'ai l'air d'être, moi, Michel de Montaigne ?". A ce titre, le troisième livre devient le champ d'une expérimentation exemplaire, le seul lieu où puisse être produite, avec toutes les précautions nécessaires, une connaissance d'un nouveau genre. Cette expérimentation est d'autant plus exemplaire qu'elle se heurte immédiatement au cheminement intellectuel qui l'a conduite jusqu'à ce point de rupture où elle renonce à une connaissance des choses, et que, par conséquent, elle va soumettre à l'analyse les raisons qui l'ont amenée à circonscrire son objet. "Qu'est-ce que l'homme que je suis ?" appelle aussitôt la question : "Pourquoi suis-je incapable de connaître les choses ? quels sont les obstacles en moi qui m'empêchent de dire la vérité ?". A supposer que soit

---

[1] Une telle interprétation ne concorde guère, quant au fond, avec celle d'E. Auerbach dans *Mimesis*, Gallimard, 1968, pp. 287-313. Elle ne contrevient pas cependant à l'analyse littérale et logique à laquelle se livre cet auteur.

effectivement choisie la nouvelle direction ici dépistée, c'est-à-dire la limitation de la recherche à la nature, ou plutôt à la manière du discours humain, se profile déjà, à travers l'enquête sur soi, une enquête bien plus vaste sur ce que je *dis* quand je parle, sur ce qu'on dit quand on (et je) parle. Puisque l'homme, dans sa nudité originaire — sa nature, est inaccessible, il reste à discerner les erreurs possibles, actuelles et réelles du discours commun, de la coutume. A ce point, nous retrouvons l'"Apologie" qui accumulait les affirmations philosophiques contradictoires pour mieux en déceler l'inanité. Il s'agit maintenant d'accumuler les affirmations communes contradictoires pour mieux en révéler les impuretés, c'est-à-dire les transgressions et les abus. L'entreprise d'une connaissance de soi passe nécessairement par une analyse critique du discours commun, dont il faudra bien étudier les formes. La cible n'est plus seulement la philosophie avec ses "opinions eslevées et exquises", mais aussi et surtout la sagesse des nations, le sens commun qu'il faut bien à son tour *déplier, étaler*. Qu'on ait laissé à d'autres puissances la connaissance des choses ne contraint pas au silence, mais au contraire découvre un champ nouveau pour des connaissances nouvelles. Si les *Essais* abandonnent la question d'une "*référence objective*" à leurs opinions, ils le font au profit d'une recherche de la *cohérence logique* des opinions. Cet abandon est en fait une conquête. Sous cette nouvelle forme, dans ce nouvel espace, les apories antérieures n'ont plus de force, la recherche est descendue du ciel sur la terre, une connaissance fondée, désormais, est possible.

CHAPITRE 4

L'OBJET DES ESSAIS

Protocole de lecture.

Il s'agit, en tout et pour tous, de passer de la vérité des choses à la rigueur de la pensée des choses. D'une opinion, on ne saurait toujours dire qu'elle soit vraie ou fausse, mais on a à dire si elle est juste ou injuste, si elle est formulée avec rigueur selon ses propres principes ou avec folie en dépit de ses propres axiomes. Si le doute est le membre universel de la logique des *Essais,* c'est que toute pensée n'est garantie que par le mécanisme qui la produit. La force corrosive d'une telle proposition justifie toute impudeur, tout anticonformisme d'un discours qu'on veut toujours réduire à un discours éthique. Je pose la thèse suivante : tout discours des *Essais* possède un double statut, assume une double fonction. 1) Donner un "état présent" de mes opinions sur tous les sujets qui peuvent bien se présenter à moi quand j'en suis à écrire. Cet "état présent", infiniment divers et variable produit un *sens* auquel on a voulu s'arrêter, et auquel on s'est arrêté effectivement. D'où un Montaigne stoïcien, sceptique, épicurien, politique, religieux, moraliste, naturaliste, etc., toutes catégories à l'intérieur desquelles les *Essais* offraient matière à débat contradictoire ; et pour cause. 2) Tout discours des *Essais* se présente en même temps comme matière du discours critique, discours critique, lui-même, sur sa propre matière. La variété des opinions contradictoires sur un même sujet devient dans une étape seconde, mais simultanée, sujet d'un second discours, mais non séparé du premier. A la question "que puis-je penser des procès de sorcellerie ? qu'est-ce que j'en pense ?" (III, IX) se superpose immédiatement la question "quelle est la nature de ma réponse ? qu'est-ce qui fait que je pense cela et non autre chose ?". Rien ne peut être affirmé sans avoir reçu une seconde lecture qui détermine les conditions de validité de la première affirmation. Les retraits goguenards d'une phrase derrière une autre sont le symptôme omniprésent de ce *double-jeu*, comme le sont aussi les citations, les redites ou les contradictions étalées au grand jour. Par ce retournement interne de tout discours peut être menée une enquête, ou pour reprendre les termes de plusieurs essais, une quête. La "vérité" n'est pas donnée, elle est à construire, méthodiquement.

Ainsi toute lecture des *Essais* qui ne s'interroge pas simultanément sur le thème *et* sur son fonctionnement dans l'ensemble du texte, se voue-t-elle à ne pas entendre, à ne pas voir, à ne pas lire. Encore convient-il d'ajouter que le thème en soi importe peu : il peut s'agir des grands hommes, des singes, de la ressemblance des enfants aux pères, de la religion ou des cannibales, de la liberté ou de la vertu, du bonheur et de l'être, etc., la nature du thème en soi n'implique quasi aucune conséquence, ce n'est pas cela qui est en question, qui pose problème ; car à cela toutes réponses peuvent être données tant que n'est pas définie une question juste. Il s'agit de poser la question juste et pour ce faire, les *Essais* examinent les réponses d'opinion : "Comment a-t-on, comment ai-je pensé pour donner cette réponse ?" ou encore "par quel cheminement miraculeux est-on, suis-je parvenu à une réponse si conforme à mon attente ?" — quel étonnement de trouver cela même que j'attendais. Cette surprise est le signe d'un problème, qui réside non pas, comme on le croyait, dans le "thème", dans les réponses aux questions multiples de la morale, de la politique, de l'histoire, mais dans ce cheminement subtil et inconscient par lequel on va à ces réponses, à celles-là seules. Ce qui est en cause dans ce *double-jeu* du discours des *Essais* avec lui-même, n'est rien d'autre que la logique propre de son fonctionnement ; celle qui fait que, parti pour inventer, il n'a su que répéter, parti pour témoigner de sa voix propre et originale, il n'a pu que parler par la voix des autres, par la voix commune. Par quel mécanisme chaque essai s'est-il donc lui-même trompé, c'est cela que chaque essai — dans le livre III surtout, et dans les additions — cherche à démasquer. Aussi l'objet d'étude s'en trouve-t-il modifié : le mécanisme qui est à l'œuvre dans cette subtile tautologie, dans cette inconsciente répétition, exclut la vérité dans le temps même qu'il croit l'atteindre. L'agencement des raisons est tel dans le discours qu'il contrevient à la raison. Il faut donc remettre dans son droit chemin le jugement trompé, livrer à la critique rationnelle le *discours-piège* de l'idéologie qui parle "naturellement" — c'est-à-dire selon la "coutume" — en chaque essai. Les sujets du discours–piège sont sans conséquence, le piège du discours les dénature tous.

A cette double quête des *Essais*, doit correspondre une double lecture, l'une thématique si l'on veut — cet adjectif comporte, prenons-y garde, un danger de confusion ; l'autre qui analyse le fonctionnement du thème sous le rapport de ses deux ordres possibles : interne et externe, dans le champ des deux cohérences dont il relève, sa logique propre et sa pertinence dans l'ensemble du discours. Notons qu'il n'est question, pour l'instant, que de retracer, derrière Montaigne, un chemin déjà parcouru, consciemment, dans les *Essais*. A tout le moins, ce protocole de lecture a-t-il l'utilité d'éliminer un certain nombre, pour ne pas dire la plupart, des fausses questions, celles que suscitent les réponses déjà existantes, réponses d'opinion ou de coutume, réponses de rumination.

Une telle position trouverait bien des points d'application. L'actualité m'en fournit un, dont je ne me dissimule pas ce qu'il peut présenter de peu favorable à mes thèses. *L'être et la connaissance selon Montaigne,* de M. Baraz (livre tout entier dominé, en dépit de certaines analyses pertinentes, par la hantise d'accorder les *Essais* aux notions proposées par C. Brunner), note au sujet des métaphores : "Dans la prose d'idée antérieure à Montaigne on chercherait en vain un style aussi intensément figuré ; on peut dire qu'à cet égard également les *Essais* représentent une création *ex nihilo*" (p. 59). Laissons de côté malgré son importance la gratuité absolue, le non-fondé essentiel de la formule finale ("création *ex nihilo*") qui suppose, par la métaphore de la création, qu'un discours écrit s'invente à partir de rien par la grâce d'un génie souverain qui règne sur un chaos originel, Hasard ou Dieu. Considérons plutôt la teneur de l'affirmation initiale, affirmation dont il serait parfaitement injuste de faire grief au seul M. Baraz. Il est un *fait,* un *donné,* antérieur à toute réflexion critique, et, comme tel, présumé objectif : Montaigne use d'un style métaphorique. Cette constatation première, donnée ici comme pierre de touche du Montaigne réel, ne doit rien à personne, semble-t-il ; on peut s'y fier, fonder sur elle une argumentation solide. On remarque néanmoins que M. Baraz, quelques pages plus haut (p. 54), dans une note (n. 5), écrit : "Si les résultats des statistiques effectuées par Y. Delègue (*Les comparaisons dans les Essais, RHLF,*

1966) diffèrent légèrement des miens, c'est que l'auteur de cette étude ne définit pas la comparaison de la même façon." Un tel aveu donne assez à entendre la gratuité de ces dénombrements opposés, s'ils ne répondent pas à des catégories précises. Allons plus loin ; tout est dans tout, et n'importe quelle phrase est métaphore, si je veux que Montaigne possède un style métaphorique. Qu'on ne se méprenne pas sur ce tour polémique : il a pour seule intention de mettre en évidence le cercle tautologique dans lequel est enfermée une argumentation qui se donne les définitions susceptibles de répondre à ses thèses. Métaphore et comparaison, pour reprendre cet exemple, ne sont pas mots en l'air, mais formes de discours définies selon des normes linguistiques et variables selon les lexiques qui les permettent. Que Montaigne ait ou non un style métaphorique, que les *Essais* soient ou non farcis, truffés d'images, dépend *avant tout* de ce que l'on veut bien appeler "image". Si, comme c'est le cas ici, je cherche dans les *Essais* et leur style une marque constante de la pensée selon laquelle l'univers est un, je me donne une définition ontologique adéquate de l'image, et le tour est d'ores et déjà joué : toute image démontrera nécessairement que le monde est un ; parbleu ! puisque j'ai tout fait pour ne pas pouvoir dire autre chose. Je ne suis pas sorti d'un cercle que j'ai moi-même, sans le savoir, dessiné. Je n'ai pas avancé d'un pas, je n'ai pas produit de connaissance.

A cette remarque, vient se joindre cette seconde et autre notation. Quoi que ce soit qu'on nomme "image", il faut encore examiner sa fonction dans l'ordre du discours. La "prose d'idée antérieure à Montaigne" donnerait peut-être effectivement un *nombre* moins grand "d'images à la page" que les *Essais*. Sans doute aurait-on du mal à trouver une équivalente (en nombre) profusion métaphorique dans l'*Utopie*, l'*Eloge de la folie*, l'*Institution chretienne*, ou le *Contr'Un*. Pourtant, et ce n'est un paradoxe qu'en apparence, il y a fort à parier que dans la plupart de ces textes, les images jouent un rôle plus important que dans les *Essais*. Paradoxe apparent, car de toute prose d'idées, fût-elle scientifique, et contemporaine, l'image n'est pas bannie, au contraire, au point même que G. Bachelard éprouve le besoin, il n'y a pas si longtemps, de lancer cet avertissement : "Une science qui accepte les images est plus que toute autre, victime de ses métaphores. Aussi l'esprit scientifique doit-il sans cesse lutter contre les images, contre les analogies, contre les métaphores." (*Formation de l'esprit scientifique, p. 38*). Mais dans toute prose d'idées, l'image n'assume pas les mêmes fonctions. Peut-être est-il un usage légitime de la métaphore, qui s'écarte radicalement d'autres emplois illégitimes, abusifs. Une métaphore peut, pour le faire bref, jouer un rôle pédagogique : elle vise à faire mieux comprendre aux esprits peu accoutumés aux discours de raison telle ou telle argumentation délicate. Elle vient alors en contrepoint du discours, elle est de l'ordre du "tout se passe comme si", et peut donner matière à beauté littéraire au jugement des amateurs. Et, avec toutes les réserves et les précautions possibles, une telle *fonction* a de relativement faibles chances de modifier le raisonnement. Tel est l'usage que l'on rencontre, par exemple au livre III, chapitre IX, 957-962, concernant une métaphore communément développée dans la littérature politique, celle qui assimile le corps de la société au corps humain.[1]

---

[1] Voir ci-dessous, p. 115 et suivantes.

Une métaphore peut aussi, et c'est, faut-il le dire, le cas le plus fréquent, jouer un rôle apodictique. Un raisonnement d'une rigueur incertaine, hésitant sur ses raisons et peu assuré de sa validité, se hâte vers la métaphore qui le rassure et tient lieu de preuve "naturelle" dans une argumentation intellectuelle donc "artificielle". La métaphore se substitue alors au discours, elle en tient lieu, ou, pour mieux dire, elle l'escamote en le rendant inutile puisqu'en elle-même elle contient l'argumentation "vivante" que le "sec raisonnement tue". Tel dit ainsi "les images sont des papillons, quand on les épingle, on les tue" ; moralité, contentons-nous de les voir passer. Cette idéologie empiriste qui croit accorder au fait (image) plus d'importance et de valeur qu'à l'idée (raisonnement), repose sur une confusion et sur une illusion. Confusion de deux ordres de discours, le démonstratif et celui qui persuade, avec transgression illégitime du second ordre dans le premier, l'image se substituant à la raison. Illusion surtout : tout se passe comme si l'image apportait une preuve "objective" au discours, comme si elle était sortie d'un arsenal pré-existant à tout discours, bref de la réalité même ; c'est ne pas voir que toute image est produite pour une fin, consciente ou inconsciente, et que dans cette image "démonstrative" seront naturellement — et comme par hasard — développés les aspects qui démontrent, ou justifient, ou garantissent les thèses que l'on veut, les objectifs que l'on cherche à atteindre. Il n'est pas nécessaire alors qu'il en existe un grand nombre dans un texte, à la limite une seule suffit pour assumer une fonction majeure, *dominante* dans le discours. Tel est l'usage que l'on rencontre, par exemple dans *De l'excellence du gouvernement royal* de Le Roy (1572), concernant la même métaphore politique évoquée plus haut. La fonction est plus importante que la quantité ou même que la qualité propre. La phrase du critique n'est ni vraie ni fausse, elle ne dit rien. D'où la nécessité d'une double lecture, comme il a été indiqué.

Cette double lecture est rendue indispensable par le double-jeu des *Essais*, puisque le livre se donne désormais pour objet d'analyser son propre discours, c'est-à-dire le discours commun, le discours coutumier, puisqu'il ne cesse de soumettre toute opinion, à commencer par les siennes, à la rigueur d'une analyse logique. Si, dans l'exemple de la métaphore qui décrit la nature et la durée de l'État, l'essai IX accepte d'abandonner un temps une analyse pour présenter des figures ou des métaphores, cela tient à plusieurs raisons, parmi lesquelles deux importent ici : d'abord qu'il faut bien persuader ses adversaires, et qu'à cette fin, l'image vaut toujours mieux que le raisonnement ; c'est de positions politiques qu'il s'agit, et Montaigne combat, si l'on peut dire, sur le terrain d'autrui, non sur le sien. Ensuite que "la conservation des estats est chose qui vraysemblablement surpasse nostre intelligence" (959) et que, par conséquent, cet objet échappe au domaine que l'essai s'est défini, au même titre que la matière du mythe platonicien échappe, en chaque dialogue, au domaine de la dialectique. On approche alors, sur pièces, d'une sorte de différence entre un discours raisonné sur les discours tenus et un discours figuré sur les discours possibles, entre une connaissance et une hypothèse. Il convient de procéder à cette double lecture pour pouvoir instituer dans l'ordre du texte cette différence capitale que produit justement le double-jeu du texte même : un discours ne vaut pas tant par ce qu'il dit, mais par les titres qu'il a à parler. Sont en cause non pas ses conclusions mais ses conditions de production, ses modes. Si la raison est bien ce pot à deux anses, ou cet instrument de plomb, il convient désormais d'analyser en quoi, comment on la saisit plutôt à droite qu'à gauche, on la tord d'un côté ou de l'autre. Bien qu'inconscient, le choix du côté n'est pas indifférent ; il indique, de toute façon, un obstacle : l'étrange gratuité des discours humains, la trop grande liberté de nos choix inavoués, notre irresponsabilité. Le spectateur se fait maintenant auditeur, à l'écoute de nos voix fourchues. Aussi convient-il que, pareillement, la lecture trace des différences dans le texte, ne serait-ce que pour repérer la façon dont Montaigne prend la mesure des mots et trace les bifurcations avec une inlassable patience, avec liberté et oisiveté qui sont science et malice.

Ainsi la métaphore du cercle, qui désignait plus haut une aporie, une barrière empêchant de "sortir", ne disparaît-elle pas. Montaigne n'est pas "sorti" du cercle, il le parcourt, en étudiant non plus le cercle pour le franchir, mais le parcours, cette forme inavouée de répétition qui est la figure l'humaine condition.

Figure d'une évolution.

Ce nouvel objet du livre implique pour l'essai une nouvelle forme de parole. Entre le premier et le dernier livre, il est souvent plus de différences que de ressemblances. Mais, comme en toute découverte, il est hasardeux de désigner un point en quoi toutes choses changeraient ; d'autant plus qu'en telle matière, les pressentiments et les rechutes brouillent les pistes. Le tracé que j'indique ne se veut qu'hypothétique, prélude à une délimitation plus précise. Qu'on veuille bien le prendre pour une métaphore, qui doit aux études de P. Villey de pouvoir être dite. Schématiquement, Montaigne pratique deux formes d'écriture, apodictique d'abord, analytique enfin ; le passage de l'une à l'autre, ou plutôt la coupure de l'une à l'autre, s'opère autour de l'"Apologie" et par elle. Cette figure coïncide avec la transformation de la connaissance analysée plus haut. Sa simplicité ne doit pas masquer ce qu'elle peut avoir de juste : des formes d'analyse existent avant l'"Apologie", des formes d'assertion catégorique existent après l'"Apologie", mais la problématique, elle, change avec l'"Apologie".

P. Villey note très justement le ton impersonnel des premiers essais ; grossièrement, l'essai s'apparente à deux "genres littéraires" assez strictement définis dans la pratique intellectuelle des humanistes, le florilège et le commentaire. Ainsi l'entendait E. Pasquier dans sa définition, "vray seminaire de belles et notables sentences". En édifiant une manière d'anthologie de la pensée classique sur un thème donné, Montaigne reprend les voies parcourues par les humanistes de la première génération (Erasme, Lefèvre d'Etaples), poursuivies par un grand nombre de "translateurs" qui ordonnaient autour d'un thème des textes ou morceaux choisis (Le Roy par exemple). On pouvait ainsi trouver tel ensemble de traductions diverses de divers auteurs, se rapportant à l'amitié, à la vertu civique, à la justice ou à l'immortalité de l'âme. Les essais du début suivent cette méthode, de façon très stricte. P. Villey en présente une analyse pertinente pour l'essai II, III, "Costume de l'isle de Cea", "tissu de sentences traduites de Sénèque" ; autant serait à relever en bien d'autres cas. Si l'essai adopte la forme de l'anthologie, cela tient à plusieurs raisons : certes le genre est à la mode en cette fin de siècle où l'on goûte les recueils d'apophtegmes et d'exemples, dits et gestes mémorables ; certes le genre est facile à pratiquer et n'exige la mise en œuvre d'aucune technique, puisqu'il se contente de transcrire un texte déjà écrit, de répéter les vérités des autres ; mais surtout, ce genre a pour objectif — avoué chez ses adeptes les plus conscients — de constituer par la compilation l'autorité d'une tradition. En dépit de son apparence "désintéressée" le florilège vise une vérité, établie par la convergence des opinions amalgamées. C'est un jeu dont la vérité constitue l'enjeu, par l'application du principe de l'addition repéré plus haut. L'inventaire en ce premier temps vise le savoir et croit l'atteindre, car tout savoir ne peut être que cumulatif. Cette forme première ne peut à soi seule suffire pour atteindre une vérité : l'autorité d'une tradition n'est constituée comme vraie que dans la mesure où elle est reconnue et acceptée ; d'où la pratique, simultanée, d'un deuxième "genre littéraire", le commentaire. H. Friedrich, étudiant l'essai II, X, "Des livres", donne une indication essentielle sur la manière dont fonctionnent les premiers essais : "... l'essai n'est rien d'autre, en fait, que la reprise de notes marginales que Montaigne avait portées dans son texte, travaillées, retravaillées et enrichies de commentaires méthodiques" (p. 54 ; il faudrait relire toute son analyse). De cette activité de commentaire, la tradition est ininterrompue depuis la période hellénistique ; la glose peut appartenir soit à un métier (professeur), sur lequel Montaigne a plus tard pris sévèrement position, soit à un rang social (gentilhomme cultivé) comme le souligne H. Friedrich. Le commentaire est une sorte de "débordement" d'un texte ancien dans le temps présent ; commenter implique d'abord que l'on comprend, que le texte vous "parle" ; autrement dit, il existe une analogie entre le discours antique et le discours actuel, dans ces deux discours thèmes et paroles sont ressemblants. (L'esthétique alexandrine est fondée sur ce postulat, et soumise à cette règle : prouver, en refaisant le chemin des anciens, qu'on peut faire aussi bien qu'eux ; témoin Plutarque par rapport à Platon). A la limite, le même discours continue depuis l'antiquité jusqu'aux temps modernes, il énonce les mêmes vérités ; cette continuité explique l'insertion des citations dans le texte d'un essai ou, pour reprendre l'image qu'en donne Montaigne, leur incorporation. Commenter implique aussi une distance entre le texte ancien et sa glose moderne ; différence de degré : une plus grande quantité de connaissances que l'auteur antique n'en avait permet de situer une opinion dans le déroulement historique des opinions ; différence de nature : une intention autre, une visée différente permettent de dévoyer un écrit pour le faire servir à des fins qu'il n'avait pas conçues, qu'il ne pouvait concevoir — la plupart des commentaires sur Platon apparaissent comme des défenses naturelles de la foi chrétienne (Turnèbe parle de "fortifications"). Les essais initiaux mènent jusqu'à leur terme ces deux sortes d'implications : la même voix parle dans les anciens et en Montaigne, la voix des anciens sert à la parole originale de Montaigne. Ainsi retrouvons-nous le mécanisme évoqué à propos des citations, et que l'auteur décrit en ces termes : "Comme quelqu'un pourroit dire de moy que j'ay seulement faict icy un amas de fleurs estrangeres, n'y ayant fourny du mien que le filet à les lier. Certes j'ay donné à l'opinion publique que ces parements empruntez m'accompaignent. Mais je n'entends pas qu'ils me couvrent et qu'ils me cachent : c'est le rebours de mon dessein, qui ne veux faire montre que du mien, et de ce qui est mien par nature ; et si je m'en fusse creu, à tout hazard, j'eusse parlé tout fin seul" (III, XII, 1055). Le commentaire apparaît comme le terreau sur lequel va peut-être croître une pousse originale. Marquons, pour l'anecdote, que dans sa "Preface à Marguerite de France" en tête d'une traduction d'Isocrate (1551), Le Roy décrit sa propre pratique d'une façon analogue : "Et non seulement ay mis peine de les imiter chacun en sa langue, pour le peu de savoir et usage descrire que j'avois en grec et en latin, mais aussi de traduire ceux que je pensais les meilleurs... à fin d'entendre plus naïvement leurs vertus et perfections, et pour mieux les presenter en escrivant, s'il advenoit que j'escrivisse quelque fois de moy mesme" (*fol.* A ij r°-v°). Que le processus concerne les idées ou le style, ou les deux, ce temps du commentaire marque un apprentissage. Ce qu'il s'agit d'apprendre (par le florilège) et de vérifier (par le commentaire), c'est la vérité sur un sujet donné. Comme les recueils de traductions diverses réunies cherchaient à établir l'autorité d'une tradition, les essais initiaux cherchent à établir, par la tradition et par rapport à elle, la vérité d'une opinion, ce qu'il faut penser de l'institution des enfants, des vaines subtilités, du pédantisme, etc. A terme, on parviendra bien à une opinion vraie qui écartera les autres comme fausses : il existe une vérité des choses, on peut l'atteindre, la philosophie mène quelque part.

Or il se produit que cette visée ne peut subsister qu'à la condition d'être limitée, partielle. Du moment que le champ des investigations s'étend, les vérités se contredisent si manifestement dans nos discours que la certitude se dissout. Les distributions juridiques auxquelles on procédait, entre le vrai et le faux, manquent leur but du fait même qu'elles sont trop nombreuses. Les différentes rubriques d'entomologiste que sont les essais initiaux ne pourraient prétendre à la vérité que si elles convergeaient harmonieusement, si elles organisaient le savoir entier en une totalité sans faille. Dès l'instant où par ce procédé apparaissent des contradictions, le doute s'introduit dans l'inventaire. La distribution produit un classement, et les contradictions entre plusieurs classifications font apparaître qu'un ordre de valeurs, explicite ou implicite, préside à la classification même. Peut-être les catégories ne classaient-elles pas les choses mêmes, mais simplement nos opinions sur les choses. La coupure marquée dans l'"Apologie" dénonce explicitement les accumulations antérieures (les opinions philosophiques) comme des répétitions de soi (le rouet). La matière de l'inventaire appartient non à la réalité, mais à l'imaginaire. Aussi la forme même de l'essai, son édification, doit-elle nécessairement changer. En deux additions au chapitre "De la forme de l'imagination" (I, XXI), Montaigne trace le symptôme de cette mutation : à la suite d'un long répertoire de faits mémorables et extraordinaires, il ajoute :

"Les discours sont à moy, et se tiennent par la preuve de la raison, non de l'experience ; chacun y peut joindre ses exemples : et qui n'en a point, qu'il ne laisse pas de croire qu'il en est, veu le nombre et varieté des accidens.

Si je ne comme bien, qu'un autre comme pour moy.

Aussi en l'estude que je traitte de noz mœurs et mouvements, les tesmoignages fabuleux, pourveu qu'ils soient possibles, y servent comme les vrais. Advenu ou non advenu, à Paris ou à Rome, à Jean ou à Pierre, c'est tousjours un tour de l'humaine capacité, duquel je suis utilement advisé par ce recit. Je le voy et en fay mon profit egalement en ombre que en corps. Et aux diverses leçons qu'ont souvent les histoires, je prens à me servir de celle qui est la plus rare et memorable. Il y a des autheurs desquels la fin c'est dire les evenements. La mienne, si j'y sçavoye advenir, seroit dire sur ce qui peut advenir. Il est justement permis aux escholes de supposer des similitudes, quand ils n'en ont point. Je n'en fay pas ainsi pourtant, et surpasse de ce costé là en religion superstitieuse toute foy historialle. Aux exemples que je tire ceans, de ce que j'ay ouï, faict ou dict, je me suis defendu d'oser alterer jusques aux plus legieres et inutiles circonstances. Ma conscience ne falsifie pas un iota, ma science, je ne sçay. Sur ce propos, j'entre par fois en pensée qu'il puisse assez bien convenir à un Theologien, à un philosophe, et telles gens d'exquise et exacte conscience, et prudence, d'escrire l'histoire. Comment peuvent ils engager leur foy sur une foy populaire ? Comment respondre des pensées de personnes incognues et donner pour argent contant leurs conjectures ? Des actions à divers membres, qui se passent en leur presence, ils refuseroient d'en rendre tesmoignage, assermentez par un juge ; et n'ont homme si familier, des intentions duquel ils entreprennent de pleinement respondre. Je tiens moins hazardeux d'escrire les choses passées que presentes ; d'autant que l'escrivain n'a à rendre compte que d'une verité empruntée. Aucuns me convient d'escrire les affaires de mon temps, estimans que je les voy d'une veuë moins blessée de passion qu'un autre, et de plus près, pour l'accez que fortune m'a donné aux chefs de divers partis. Mais ils ne disent pas que, pour la gloire de Salluste, je n'en prendroys pas la peine ; ennemy juré d'obligation, d'assiduité, de constance ; qu'il n'est rien si contraire à mon stile qu'une narration estendue : je me recouppe si souvent à faute d'haleine, je n'ay ny composition, ni explication qui vaille, ignorant au-delà d'un enfant des frases et vocables qui servent aux choses plus communes ; pourtant ay-je prins à dire ce que je sçay dire, accommodant la manière à ma force ; si j'en prenois qui me guidast, ma mesure pourroit faillir à la sienne ; que ma liberté, estant si libre, j'eusse publié des jugements, à mon gré mesme et selon raison, illegitimes et punissables. Plutarche nous diroit volontiers de ce qu'il en a faict, que c'est l'ouvrage d'autruy que ses exemples soient en tout et par tout veritables ; qu'ils soient utiles à la posterité, et presentez d'un lustre qui nous esclaire à la vertu, que c'est son ouvrage. Il n'est pas dangereux, comme en une drogue medicinale, en un compte ancien, qu'il soit ainsin ou ainsi."

(105-106.)

Il est impossible désormais de poursuivre une distribution, une addition, seules restent à marquer des différences et des distinctions.

L'essai emprunte alors les voies tracées par une nouvelle forme de connaissance. Une nouvelle investigation entraîne une nouvelle forme de parole. La distribution appelait une juxtaposition cumulative des énoncés, au terme de laquelle apparaissait une somme : l'essai I, I ajoute les exemples d'Edouard, Scanderberg, Conrad III, Denys l'Ancien, Pompée et Alexandre, et cette addition a pour résultat l'affirmation initiale. La distinction juxtapose, elle aussi, des énoncés, mais sans autre terme qu'elle-même ; elle ne cherche pas à produire une somme, mais des différences, sans commencement ni fin, sans gradation ni hiérarchie. Le commentaire premier allait à un *contenu du savoir*, opinion vraie excluant l'opinion fausse ; le commentaire dernier va à une *forme de parole*, justesse et rigueur en toute opinion ou coutume. Au sens strict, Montaigne se voit conduit à avouer publiquement qu'il n'est bon à rien : "Quelque fois on me demandoit à quoy j'eusse pensé estre bon, qui se fust advisé de se servir de moy pendant que j'en avois l'aage,

Dum melior vires sanguis dabat, aemula necdum
Temporibus geminis canebat sparsa senectus.

— A rien, fis-je. Et m'excuse volontiers de ne sçavoir faire chose qui m'esclave à autruy. Mais j'eusse dict ses veritez à mon maistre, et eusse contrerrolé ses meurs, s'il eust voulu. Non en gros, par leçons scholastiques, que je ne sçay point (et n'en vois naistre aucune vraye reformation en ceux qui les sçavent), mais en les observant pas à pas, à toute oportunité, et en jugeant à l'œil piece à piece, simplement et naturellement, luy faisant voyr quel il est en l'opinion commune, m'opposant à ses flateurs" (III, XIII, 1077). Ce *rien* à quoi Montaigne se dit bon représente justement le contenu de la somme illusoire ; l'inventaire qui a additionné les énoncés parvient exactement à ce total : rien. Mais de savoir que la somme est *rien,* rend aussi Montaigne propre à tout, simplement parce qu'il abandonne le procédé borné des additions, pour tenter une autre opération, la division ; car, d'avoir reconnu que la somme du savoir n'est rien, produit que les distinctions seules conservent une légitimité, introduisant des discriminations dans les manières de connaître ou d'être, discriminations logiques — donc intellectuelles, dans des attitudes de pensée — donc intellectuelles. Cette homogénéité, acquise au prix d'une véritable conversion, d'un déplacement, est seule garante d'une activité pratique et critique : l'écriture des *Essais* ; elle marque en même temps une limite à la parole qui ne peut plus désormais, en toute rigueur, dire autre chose que la distinction, en toute attitude ou pensée, de la posture et de l'imposture. A ce stade, l'enquête n'a pour ainsi dire plus de but, elle n'est plus quête d'une vérité déterminée, mais une étude formelle à sujet illimité. Des divers chemins qui semblaient mener à une fin, les *Essais* en sont venus à inspecter la manière de marcher pour aller n'importe où, c'est-à-dire nulle part. "Pour m'estre, dés mon enfance, dressé à mirer ma vie dans celle d'autruy, j'ay acquis une complexion studieuse en cela, et, quand j'y pense, je laisse eschapper au tour de moy peu de choses qui y servent : contenances, humeurs, discours. J'estudie tout : ce qu'il me faut fuyr, ce qu'il me faut suyvre. Ainsin à mes amys je descouvre, par leurs productions, leurs inclinations internes ; non pour renger cette infinie varieté d'actions, si diverses et si descoupées, à certains genres et chapitres, et distribuer distinctement mes partages et divisions en classes et régions cogneuës" (III, XIII, 1076).

On passe ainsi de l'essai comme totalité, généralement brève, circonscrite, ordonnée à un thème, à l'essai comme diversité longue, équivoque et généralement désordonnée ; de la quête d'une affirmation à l'analyse critique des affirmations. Dans le premier moment, les affirmations étaient accumulées en fonction d'une "vérité" qu'elles disaient ; dans le dernier temps, elles sont démontées pour que soit découvert le mensonge qu'elles se cachent.

Le désordre.

Ce schéma métaphorique d'une évolution des *Essais* autour d'une coupure philosophique (l'"Apologie") donne une raison au désordre, sans le convertir *ipso facto* en ordre, caché ou profond. S'il est désormais de la matière de l'essai — indépendamment de toute autre visée annexe (ce qui ne signifie pas nécessairement dépourvue d'intérêt) — de procéder à une analyse méthodique, méthodologique et critique portant sur le discours coutumier, si l'objet de l'essai est bien de découvrir le mensonge, l'illusion et l'erreur partout où ils se rencontrent dans l'opinion humaine, qu'importe l'*ordonnance* de ma critique ? Si la vérité d'un thème est bien cet objectif inaccessible auquel l'"Apologie" contraint de renoncer, qu'importe de construire puisque c'est "faire une muraille sans pierre, ou chose semblable, que de bastir des livres sans science et sans art" ? Que l'analyse soit méthodique n'implique nullement qu'elle suive un ordre : l'ordre supposerait qu'après la critique viendrait le temps de l'affirmation positive. Mais il ne s'agit que de démonter les affirmations positives au moment où elles se présentent à l'esprit, selon le train des événements, des "accidents". C'est en ce sens qu'il faut entendre la phrase si souvent citée, et interprétée comme une précaution de feinte modestie : "Les fantasies de la musique sont conduictes par art, les miennes par sort" (III, II, 805) ; c'est-à-dire au pied de sa lettre : je ne conduis pas tant mon discours que le discours ne me conduit, j'écoute ce qu'il dit et j'analyse ses modes, quels que puissent bien être ses sujets. S'il est établi que je n'ai accès ni à la science ni à l'art, par la dénonciation radicale de ma présomption, je ne peux avoir une ordonnance qui vienne de moi pour informer ce que j'écris. "(c) Les sçavants partent et denotent leurs fantasies plus specifiquement, et par le menu. Moy, qui n'y voy qu'autant que l'usage m'en informe, sans regle, presante generalement les miennes, et à tastons. Comme en cecy : (b) je prononce ma sentence par articles decousus, ainsi que de chose qui ne se peut dire à la fois et en bloc" (III, XIII, 1076). A ce niveau, sans doute s'éclairent les formules dites plus haut "dépréciatives" ; elles apparaissent maintenant comme des symptômes, des indices probablement involontaires et peut-être inconscients, de la signification du désordre comme tel. Au terme de son analyse comparée des vers de Lucrèce et de Virgile, après avoir tenté de définir son propre "art poétique", Montaigne dresse ce constat, déjà évoqué : "Tout argument m'est egallement fertille. Je les prends sur une mouche ; et Dieu veuille que celuy que j'ay icy en main n'ait pas esté pris par le commandement d'une volonté autant volage ! Que je commence par celle qu'il me plaira, car les matieres se tiennent toutes enchesnées les unes aux autres" (III, V, 876). L'analyse à laquelle se livre désormais l'essai ne se donne aucun sujet privilégié, mais tous les sujets possibles et imaginables, sans aucune limitation d'extension ; par là même elle ne se donne aucun ordre des raisons, mais toutes les successions éventuelles du discours coutumier. Le désordre des *Essais* reproduit le désordre du discours commun, le livre n'a aucun besoin d'ordre pour mener à bien son analyse. Sans doute est-ce parce que cette évidence est aveuglante qu'on ne l'a pas vue. Le livre ne requiert aucun ordre à son discours, il analyse les ordres et désordres du discours commun. Ce registre a un commencement, mais il n'a ni fin ni terme. "Qui ne voit que j'ay pris une route par laquelle, sans cesse et sans travail, j'iray autant qu'il y aura d'encre et de papier au monde ?" (III, IX, 945).

"D'une séparation bien claire".

Cette proposition paradoxale ne s'éclaire réellement que si l'on en donne quelques exemples. Mais d'ores et déjà elle implique une conséquence fondamentale : en aucun point ne saurait être dégagée une cohérence idéologique qui réduirait le discours des *Essais* à l'unité, dans la mesure où cette cohérence idéologique contrevient totalement à la nature philosophique du discours. Il n'entre pas dans la fonction de l'essai (livre III) d'ordonner les incohérences idéologiques en un traité, mais de les analyser, de les "éprouver" en une description. Que l'étude soit ainsi circonscrite lui donne sa légitimité ; mais ne facilite nullement la tâche. Il faut bien de l'attention et de la perspicacité pour déceler la question où tous entendent les réponses, l'idéologie ayant justement pour fonction de masquer ce déplacement, cette contradiction, la vie consciente ayant justement pour fonction d'occulter la question inconsciente. "Il y a des parties secrettes aux objects qu'on manie et indivinables, signamment, en la nature des hommes, des conditions muettes, sans monstre, inconnues par fois du possesseur mesme, qui se produisent et esveillent par des occasions survenantes" (III, II, 814, c). Montaigne a plus d'une fois analysé cet ensevelissement de la question sous les réponses, notamment par l'intermédiaire du couple antagoniste et complémentaire de nature et coutume. Aussi la démarche qu'il adopte est-elle la suivante : en toute activité ou pensée, des autres ou de moi, il convient de procéder à la séparation du droit et du courbe, ce qu'on ne pourra faire qu'à la condition de poser aux réponses coutumières leurs véritables questions, à la condition de discerner les contradictions effectives des réponses apparemment homogènes. "La verité a ses empeschemens, incommoditez et incompatibilitez avec nous. Il nous faut souvent tromper afin que nous ne nous trompons, et siller nostre veuë, estourdir nostre entendement pour les dresser et amender" (III, X, 1006, c). L'essai analyse les illusions et les impostures de toute posture.

Une telle distinction a servi dès l'Antiquité à dénoncer l'immoralisme des mondains. A. d'Aubigné oppose le vrai Enay au futile baron de Faeneste. Montaigne s'inscrit dans cette tradition littéraire qui donne, entre autres résultats, la satire de mœurs. "Peu d'hommes ont esté admirez par leurs domestiques" (III, II, 808). Dans ces vues, la moralité a besoin d'une technique pour distinguer le réel de l'apparence. "Du masque et de l'apparence, il n'en faut pas faire une essence reelle, ny de l'estranger le propre. Nous ne sçavons pas distinguer la peau de la chemise" (III, X, 1011), le texte est célèbre, Montaigne y dénonce avec une ironie assez féroce ceux qui ne savent vivre que par les apparences. A quoi aboutit une si classique différence entre l'extérieur, les apparences et l'intérieur, la réalité ? La réponse habituelle, qui ne sollicite pas outrancièrement la lettre et qui transcrit dans le domaine éthique une métaphysique idéaliste, est qu'en l'homme s'opposent un "dehors" fallacieux, menteur, coutumier, et un "dedans" authentique, véridique et naturel. Cette spatialisation de la psychologie a de quoi séduire par sa clarté, elle séduit aussi parce qu'elle permet la formulation de belles règles morales. Ce serait pourtant réduire considérablement la portée du texte de l'essai que de s'arrêter là, de prêter à Montaigne cette vue bien honnête. Le paragraphe dit aussi : "Un honneste homme n'est pas comptable du vice ou sottise de son mestier, et ne doibt pourtant en refuser l'exercice : c'est l'usage de son pays, et il y a du proffict" (1012). "Dehors" et "dedans" cohabitent depuis si longtemps qu'ils viennent à se confondre. Une pensée qui s'attache à un domaine purement "extérieur" n'en est pas pour autant "purement extérieure" ; tout le paragraphe suivant analyse les raisons qu'on a d'embrasser un parti dans le temps des guerres civiles, pensée politique donc et raisons tournées vers le dehors, s'il en est. Qui peut en effet moins toucher l'être individuel, la personnalité "profonde" comme on dit, que le bruit et la fureur d'un conflit civil à l'écart duquel se tiendrait, par tradition et par vertu, le sage. Pourtant la différence entre "dedans" et "dehors" est, de fait, abolie : "Ceux qui alongent leur cholere et leur haine au delà des affaires, comme faict la plus part, montrent qu'elle leur part d'ailleurs, et de cause particuliere : tout ainsi comme à qui, estant guary de son ulcere, la fievre demeure encore, montre qu'elle avoit un autre principe plus caché. (c) C'est qu'ils n'en ont point à la cause en commun, et autant qu'elle blesse l'interest de tous et de l'estat ; mais luy en veulent seulement en ce qu'elle leur masche en privé. Voylà pourquoy ils s'en picquent de passion particuliere et au delà de la justice et de la raison publique" (1012). Il faut croire qu'il n'est pas si facile, si immédiat, de rendre à César ce qui lui revient et au moi ce qui lui appartient en propre, quand on s'occupe du "dehors". A prendre le chemin inverse, le parcours n'est pas plus simple, comme le répètent à l'envi tous les passages qui montrent la coutume à l'œuvre en chacun de nous. Nos pensées ne nous appartiennent pas en propre ; même quand nous les croyons nôtres, on nous les donne. Dans le même passage cité plus haut, on lit : "J'ay veu de mon temps merveilles en l'indiscrete et prodigieuse facilité des peuples à se laisser mener la creance et l'esperance où il a pleu et servy à leurs chefs, par dessus cent mescontes les uns sur les autres, par dessus les fantosmes et les songes. Je ne m'estonne plus de ceux que les singeries d'Apollonius et de Mehumet embufflarent. *Leur sens et entandement est entierement estouffé en leur passion.* Leur discretion n'a plus d'autre chois que ce qui leur rit et qui conforte leur cause" (1013)[1]. La Boétie n'a pas écrit pour rien la *Servitude volontaire*. Il existe bien une véritable et générale subversion du sens commun. "Être à soi" relève du commandement moral, mais risque de n'être jamais qu'un vœu pieux : séparer le "dehors" et le "dedans" pour privilégier le second est une caricature éthique, dont la réalisation exige une technique, un savoir et une philosophie si difficiles que le thème moral en apparaît comme une utopie. Ce qui est donné, est la *confusion des ordres* ; à élaborer méthodiquement, le *discernement des ordres*. Dans une addition aux premières lignes de "l'Yvrongnerie", Montaigne note : "Comme Socrates disoit que le principal office de la sagesse estoit distinguer les biens et les maux : nous autres, à qui le meilleur est tousjours en vice, devons dire de mesme de la science de distinguer les vices : sans laquelle bien exacte le vertueux et le meschant demeurent meslez et incognus" (II, II, 340, c ; on peut voir dans le même sens II, XX, 674, b). A la limite, "dedans" et "dehors" sont confondus en toute activité, en toute pensée ; et cette confusion est justiciable de l'activité droite de toute pensée juste.

Autrement dit, toute maxime morale qui régit l'existence implique une erreur radicale, une tromperie préliminaire, si n'est pas définie au préalable une manière de discerner, de discriminer les tenants et aboutissants de toute attitude. Une morale définitive ne peut être constituée qu'une fois passées au crible les différentes pensées coutumières, une fois analysés leurs titres de créance ; elle suppose un examen achevé. En attendant le terme impossible d'un examen sans cesse remis en

---

1 C'est moi qui souligne.

question, la morale à maximes disparaît. Le passage ici analysé part d'un thème commun (l'habit ne fait pas le moine), et de ses implications usuelles (l'habit est mauvais, mais le moine bon), et aboutit à cette découverte inquiétante : on ne sait qui est l'habit, qui est le moine. Le *topos* moraliste est ainsi dénoncé et détruit par ses propres applications, la maxime sert à dissoudre la morale.

Devant cette menace, on a cherché à éluder la question posée, à la situer ailleurs, sur le terrain de l'existence par exemple. Et de citer à l'envi, séparée de tout lien avec le reste du discours, cette formule rendue fameuse : "Pour moy donc, j'ayme la vie et la cultive telle qu'il a pleu à Dieu nous l'octroier" (III, XIII, 1113), ou cette autre : "Nature est un doux guide, mais non pas plus doux que prudent et juste" (*ibid.*), phrases qui amorcent le finale des *Essais* et expriment une suffisante sérénité pour passer en forme de leçon. On a même inventé le cadre intellectuel de cet aveuglement volontaire, de ce renoncement laxiste à toute cohérence intellectuelle, sous le nom d'inscience, avec tout un cortège de garants illustres comme ce Socrate mythique et bonhomme. Il faut croire que l'attitude de Montaigne entraîne une critique radicale trop insupportable pour qu'on la lise, puisque, comme le note très justement Y. Delègue, on oublie toujours qu'il ajoute aussitôt "Je queste partout sa piste (de la nature) : nous l'avons confonduë de traces artificielles" (*ibid.*). Nous avons à en prendre notre parti, Montaigne ne formule pas les termes d'une éthique, il n'est pas ce moraliste pédagogique que l'on a voulu ; ces positions sont en contradiction avec les principes de pensée que nous avons trouvés à l'œuvre dans son texte. Les "vérités morales" passent devant le même tribunal que les "vérités physiques", le tribunal de l'analyse logique.

Le discernement des postures et impostures ne dissout pas seulement la morale positive, mais vise aussi les attitudes sociales. Il suffit de reprendre l'essai "Des boyteux" (III, XI) par exemple pour percevoir la vigueur corrosive du procédé analytique, et cela, avec une acuité redoublée si l'on a parcouru *La demonomanie des sorciers* (1580) de J. Bodin, pourtant qualifié ailleurs de "bon autheur de nostre temps, et accompagné de beaucoup plus de jugement que la tourbe des escrivailleurs de son siecle" (II, XXXII, 722). "Il s'engendre beaucoup d'abus au monde (c) ou, pour le dire plus hardiment, tous les abus du monde s'engendrent (b) de ce qu'on nous apprend à craindre de faire profession de nostre ignorance, (c) et que nous sommes tenus d'accepter tout ce que nous ne pouvons refuter" (1030). L'analyse fait ressortir, dans tous les cas envisagés, l'illégitimité, ou l'absence de raison des jugements en matière de sorcellerie : la qualité de sorcier a pu être attribuée aux accusés parce que les juges, suivant en cela la pensée commune, excluaient qu'on pût être déséquilibré mental ou physiquement anormal sans l'intervention d'une puissance maléfique. En cela ils commettaient un abus intellectuel qui entraînait mort d'homme : "Apres tout, c'est mettre ses conjectures à bien haut pris que d'en faire cuire un homme tout vif" (1032). Notation qui, on s'en doute, ne borne pas son domaine à la sorcellerie. Évoquons encore le discours des Espagnols au peuple américain (III, VI, 911), qui avance des raisons philanthropiques à une colonisation surtout avide d'or. La réponse des "primitifs" — ou discours de Montaigne aux discours civilisés — se borne à reprendre chaque argument en le démontant rationnellement avec un "bon sens naïf", c'est-à-dire en faisant ressortir la distorsion entre présupposé et conclusion, entre fiction et réalité. Un exemple : les Espagnols, parlant au nom du roi de Castille, demandent aux primitifs de s'en déclarer tributaires, d'autant que le pape, "représentant Dieu en terre", a donné son aval ; la réponse : "Quand à leur Roy, puis qu'il demandait, il devoit estre indigent et necessiteux ; et celuy qui luy avoit faict cette distribution, homme aymant dissention, d'aller donner à un tiers chose qui n'estoit pas sienne, pour la mettre en debat contre les anciens possesseurs" (911). Les sauvages se contentent de passer au crible de la logique le discours coutumier des civilisés, et cela leur suffit pour le réfuter complètement, pour ne pas se laisser abuser. Dans un cas comme dans l'autre, Montaigne ne formule pas un avis positif sur la sorcellerie ou la colonisation, il se contente de tracer, dans les affirmations coutumières, des lignes droites qui dénoncent les jugements courbes. Il dévoile ainsi nos présupposés inconscients et niés : "Car chasque science a ses principes presupposez par où le jugement humain est bridé de toutes parts. Si vous venez à choquer cette barriere en laquelle gist la principale erreur, ils ont incontinent cette sentence en la bouche, qu'il ne faut pas debattre contre ceux qui nient les principes" (II, XII, 540). L'analyse débride notre jugement, c'est là son effet le plus pernicieux.

Ni la morale ni la société ne sont capables de formuler des vérités intellectuellement rigoureuses ; au terme de l'analyse, morale et norme sociale sont situées à leur juste place, leurs énoncés possèdent des garanties de fait, non de droit. C'est bien par un abus que la coutume confère à ces sentences relatives leur valeur exemplaire et absolue. Ces lois n'ont pas de titre au regard de la raison analytique, mais seulement en fonction de l'usage. "Or les lois se maintiennent en credit, non par ce qu'elles sont justes, mais par ce qu'elles sont loix. C'est le fondement mystique de leur authorité ; elles n'en ont point d'autre" (III, XIII, 1072). Ce qui compte, en cette découverte, c'est sans doute le terme provisoire auquel on parvient parce que ce scepticisme est destructeur d'idées reçues, mais c'est surtout la méthode de pensée employée pour y parvenir. Le résultat eût été autre, et plus doux au conformisme, que la méthode n'en eût pas été moins neuve et inquiétante. Car un énoncé erroné ne disparaît pas au profit d'un autre énoncé, qui serait vrai ; l'énoncé erroné subsiste mais dévalué, dépossédé de son auréole, déchu de sa vérité absolue, existant dans l'illégitimité. On y a perdu un savoir. On y a gagné une ignorance : "Il y a quelque ignorance forte et genereuse qui ne doit rien en honneur et courage à la science, (c) ignorance pour laquelle concevoir il n'y a pas moins de science que pour concevoir la science" (III, XI, 1030), c'est-à-dire que le gain de notre étude consiste en cette acquisition d'une méthode qui tourne notre science en ignorance, et non, du tout, en un renoncement moral à une entreprise trop ambitieuse. Introduire des discriminations dans les manières de penser ou d'être, produit un nouveau contenu de savoir, à son tour justiciable d'une nouvelle discrimination. Ce qu'on acquiert, en ce jeu qui répète indéfiniment sa figure première, c'est la manière de jouer, l'ordre, "science" selon Montaigne universelle. "Distinguo est le membre universel de ma logique". Cette nouvelle science ne formule pas de préceptes qui directement guident notre vie, mais des règles "pour la direction de notre esprit" ; elle établit les limites dans lesquelles nous avons à régler notre pratique intellectuelle, à savoir qu'en toute réponse coutumière ou philosophique, nous avons à séparer le même de l'autre, sans jamais pouvoir tenir pour acquise la séparation, sans jamais pouvoir penser que ce que nous avons séparé est enfin pur. Cette démarche n'a pas de terme, elle s'interdit de formuler jamais un contenu irréprochable. Le principe qui régit cette essentielle activité n'appartient pas au code moral, mais à la logique : principe d'identité. Principe de désordre, principe de clarté, principe de dissolution des formes acquises.

Des pronoms ou l'image de Socrate.

La mise en œuvre du principe d'identité assure à celui qui en use une position apparemment privilégiée. L'observateur qui trace des séparations se fait *juge*, en dépit ou à cause de ses attaques contre la "troigne trop imperieuse et magistrale", contre ceux qui parlent du haut de leurs certitudes. Plus précisément, la position revendiquée se situe à l'écart, comme en témoignent les nombreuses formules où s'affirme l'autonomie individuelle : "Je suis divers à cette façon commune". L'observateur ne se veut pas, dit-il, un maître, mais un original se réclamant le droit de proférer des "idiotismes". Mais énoncer des idiotismes relève d'une attitude critiquée par la démarche même des *Essais* ; c'est une activité en un sens interdite par l'entreprise critique elle-même. D'où une dernière contradiction qu'il faut bien exposer.

Pour reprendre le passage de "l'Art de conferer" (III, VIII) évoqué plus haut, où Montaigne assimilait subrepticement sa position à celle de Socrate, la conversation idéale entre Socrate et Montaigne, acceptant toutes les exigences de rigueur logique, serait une conversation muette. Tous deux, attachés à dépister les impostures de l'affirmation en étudiant la forme du discours, n'auraient proprement pas de sujet de conversation, ils n'auraient rien à se dire. "Il me chaut peu de la matiere, et me sont les opinions unes, et la victoire du subject à peu près indifferente. Tout un jour je contesteray paisiblement, si la conduicte du débat se suit avec ordre" (925). Pour qu'ils parlent, il leur faut les autres et les vésanies du discours commun en qui tracer les séparations entre légitime et illégitime. Ici se situe la supériorité de Socrate, qui ne fait jamais que répondre aux autres, et ne s'abandonne jamais à parler de lui-même comme modèle, sinon sous les figures extérieurement métaphoriques du mythe ou du discours ironique. Montaigne, lui, a choisi de repérer aussi en lui-même les vésanies communes, avec la même espérance utopique d'un ordre de la conversation intérieure. Pour que la conversation avec les autres se poursuive, pour que le discours sur les autres soit maintenu, il convient que soit découverte une façon de parler où soi et les autres peuvent recevoir leur part commune et leurs parts respectives, un mode de duplicité stylistique par lequel sont englobées dans une même séquence les distinctions des vésanies des autres et les miennes. Il s'agit bien de duplicité, les deux directions sont en effet difficilement conciliables : que le même juge distingue et les erreurs des autres et les siennes propres supposerait qu'il ait d'abord purgé les siennes, sinon quels titres possède le "je" pour juger des autres ? Or nous savons déjà que les discriminations n'ont pas de terme. Socrate pouvait parler en ce qu'il se prêtait à un jeu de la vérité. Montaigne est à la fois joueur et joué. Il y a alors transgression illégitime à parler d'autrui, et pourtant c'est d'autrui seulement que l'on peut parler. Tenu par les deux bouts de cette chaîne, Montaigne ruse pour une transgression subreptice mais néanmoins effective. En cette ruse se tiennent à la fois l'illégitimité du discours des *Essais* (l'impossibilité d'un discours philosophique rigoureux) et la condition nécessaire de sa poursuite.

A plus d'une reprise, un paragraphe passe, comme jouant, de "je" à "nous", de "on" à "ils", et l'inverse. Ce jeu sur les pronoms manifeste la contradiction énoncée ; l'observateur s'y place à part et affirme l'indépendance de son jugement, il la revendique comme condition de son bonheur et, accessoirement, de sa vertu ; de là il vient regarder l'humanité commune des attitudes coutumières ("vous", "ils") et critiquer avec entrain ses illusions et erreurs ; mais la présence effective du "nous" dénonce immédiatement cette séparation comme mensongère. "Je" est englobé par "nous" dans les critiques contre "ils". Ce glissement d'un pronom à l'autre apparaît comme une rouerie en même temps qu'il manifeste un nouveau "rouet". A ce niveau, et étant donné l'impossibilité d'un amendement dû à l'âge ou à la "science", le discours des *Essais* ne peut plus invoquer d'autre légitimation que son existence de fait. Celui qui dépiste le mensonge en autrui peut aussi mentir. Ce risque peut remettre en cause l'entreprise en entier.

Il faut alors descendre d'un ton, borner ses prétentions à moins haut vol. Si "je" n'a pas, plus qu'un autre, de titres pour mener à son terme une analyse critique, pour rétablir dans le discours de l'idéologie des discriminations, il lui faut ou se taire ou assigner à son étude une autre fin que la nue vérité absolue. Il est possible, malgré les obstacles du "rouet", de sauver une relative légitimité de la parole. L'analyste a un jour été premier, origine impure et incertaine d'une analyse des autres, bien que non analysé au préalable par un autre, bien que n'ayant pas subi sa propre cure ; il a d'abord formulé des observations, empiriques, qui reposaient surtout sur sa propre personne. Montaigne prétend d'abord et essentiellement à parler de soi, comme élément immédiat de l'analyse. Découvrant, très vite, la coutume à l'œuvre en chacun de nous, il est contraint de déplacer les termes : il ne peut s'analyser que dans le discours des autres, dans le discours commun. Les discriminations, pour logiques et rationnelles qu'elles puissent apparaître, ne sont plus que des hypothèses appelant une encore impossible vérification. Une des pierres de touche essentielles de ces hypothèses passe dans le livre sous la forme de Socrate, modèle de cohérence logique et morale. Mais sa caution, c'est-à-dire la similitude des pratiques intellectuelles de Socrate et de Montaigne, ne saurait constituer une garantie suffisante. Ces commentaires sur la parole commune sont gloses d'une raison, la moins malade et la plus précautionneuse qui se puisse trouver, gloses néanmoins. "Qui ne diroit que les gloses augmentent les doubtes et l'ignorance, puis qu'il ne se voit aucun livre, soit humain, soit divin, auquel le monde s'embesogne, duquel l'interpretation face tarir la difficulté" (III, XIII, 1067). Si prudente soit la démarche de l'analyste, chacun de ses pas est un saut dans le vide. Quand bien même ma logique triomphe des vésanies communes, ou philosophiques, on ne saurait oublier l'incertitude fondamentale de la parole, fût-elle seconde, voire tierce. "Les hommes mescognoissent la maladie naturelle de leur esprit : il ne faict que fureter et quester, et va sans cesse tournoiant, bastissant et s'empestrant en sa besogne, comme nos vers à soye, et s'y estouffe" (III, XIII, 1068). Mais cette incertitude n'a pas pour effet de réduire Montaigne au silence, elle modifie simplement la nature de son discours. La seule forme possible d'une parole de la connaissance, celle de la discrimination, ne pouvait mener qu'à un embryon de connaissance expérimentale. Pour modeste que paraisse alors l'entreprise, Montaigne n'en appelle pas moins d'autres à la poursuivre. On aurait tort de tenir pour dérisoires ces "vérités" relatives sous prétexte qu'elles sont limitées par leur peu de titres ; ce double mouvement des *Essais,* énoncé d'une discrimination et analyse critique des titres de cet énoncé, est le seul cheminement possible d'une quête vers un certain savoir, c'est-à-dire la seule pratique philosophique possible, celle qui reconnaît que le "démontage" auquel elle procède au nom du principe d'identité peut lui aussi être mensonger. L'analyse critique ne s'épargne pas elle-même. Le retour sur soi apparaît alors comme une condition, non de validité, mais de possibilité de la parole.

L'écriture des *Essais* instaure, par cette reconnaissance de sa limite, une nouvelle forme de pratique intellectuelle, une autre visée parallèle. Elle est une manière de vivre avec ce qu'on sait relatif, une façon de tourner en rond en sachant à chaque passage un peu plus précisément en quel point du cercle on en est et de quel pas on semble marcher. Elle produit au jour à la fois l'inanité des opinions communes et la vanité de sa propre existence ; elle conduit nécessairement, par son double jeu, à un jeu sur la parole, sur les mots. "Ils ont à payer mille veux à Esculape, et autant d'escus à leur medecin", "Ils n'ont pas seulement leur retraict pour leur retraitte", "leur conscience au bordel, leur contenance en regle", "vertu sans vertugade", "plus quiete et plus quitte", entre tant d'autres plus connus. Ces jeux figurent l'aboutissement et le moyen d'une quête philosophique parvenant à tracer le cercle de son indéfinie répétition. Aboutissement et moyen non philosophiques, mais philologiques. Le repli sur les mots sert à mettre en pièces tout discours magistral, il assure aussi un certain plaisir du jeu, distance devenue nécessaire entre une parole philosophique et une parole sur la philosophie, écart séparant la notation anecdotique de la certitude illusoire. Cette ruse, comme celle sur les pronoms, est l'équivalent littéraire de l'ironie socratique, sourire d'interrogation et de dérision. "Car en ce que je dy, je ne pleuvis autre certitude, sinon que c'est ce que lors j'en avoy en ma pensée, pensée tumultuaire et vacillante. C'est par maniere de devis que je parle de tout, et de rien par maniere d'advis" (III, XI, 1033, c). Ces jeux, apparemment enfantins, sont l'envers d'une impuissance à la certitude, à la fois moyen et jouissance d'une recherche. A ce stade, la quête philosophique conduit, par l'illégitimité de son itinéraire critique, au jeu littéraire — comme le terme de la dialectique platonicienne introduit les métaphores d'un mythe. Le "repli sur les mots" représente l'ultime acquisition d'un droit à la parole, par la référence au plaisir du jeu, plaisir ambigu en ce qu'il n'efface jamais la visée première : la vérité.

Le protocole de lecture dessiné plus haut excluait provisoirement un terme. Le "double-jeu" des *Essais* ne se laisse pas si facilement désigner. Le texte maintient dans une coexistence équivoque des types de discours contradictoires. Il s'agit de les repérer et d'en situer la position dans un processus de production. Schématiquement, et pour respecter par tradition l'inévitable trilogie, ils sont de trois sortes : le discours-piège de nos erreurs communes et coutumières (positions idéologiques d'un parleur innocent), le discours chasseur des discriminations logiques (positions philosophiques d'un parleur savant), le discours rieur des jeux sur les pronoms, les mots et les métaphores (essais esthétiques d'un parleur jouisseur). Ces trois niveaux fonctionnent de manière simultanée en manifestant à chaque moment le désaccord de leurs positions ; chacun d'eux sert à critiquer le discours précédent, chaque type de discours sert de matière au discours suivant. Leur existence simultanée assigne aux *Essais* une position privilégiée dans la production littéraire, elle manifeste (ou exhibe) l'ambiguïté du discours écrit, irréductible à un projet unique, ou double. La coexistence de ces trois schémas (affirmation, distinction, dissolution) interdit toute tentative univoque d'interprétation, tant que n'a pas été posée la question d'une médiation nécessaire, celle des différences de discours dans l'incohérence reconnue d'un ensemble. Ces différents ordres se distinguent selon leur référence à la connaissance ; de la dissolution d'un savoir naïf, pour la dissolution d'un savoir averti, naît le plaisir d'écrire l'inanité humoristique des pensées humaines. Mais cet itinéraire ne figure nullement une évolution, une accession à une sagesse enfin trouvée et assumée ; il trace uniquement le dessin d'un cercle, les étapes d'une répétition à laquelle est reconnue la limite que ne peuvent franchir ni l'homme du commun, ni le philosophe, ni l'écrivain, mais que les trois ensemble peuvent indiquer et parcourir pour la plus pure approche d'un savoir relatif. De ce point, mais peut-être de ce point seul, peuvent partir tous les délires de l'interprétation. Ils n'en seront pas pour autant, en leurs conclusions, fondés.

II.

PENSER

CHAPITRE 1

L'IRONIE DU SORT

Machiavel écrit dans les *Discours sur la première décade de Tite Live* (I, VI) : "ce qu'un législateur n'avait pas fait, le hasard le fit". Ma réflexion se place sous le signe de cette formule. S'agissant d'histoire, une même interrogation revient avec une inlassable insistance dans les *Essais* : quelle part avons-nous dans les événements ? en quoi sommes-nous capables de les infléchir dans le sens que nous souhaitons, ou sommes-nous seulement capables d'influer sur leur cours sans savoir comment ni pourquoi ? dans quelle mesure même pouvons-nous les déchiffrer et avons-nous accès au sens de l'histoire ? Ce sont là des questions classiques certes, mais auxquelles la tradition avait pris l'habitude d'apporter des réponses positives : historiens et philosophes ont raconté et analysé les naissances, croissances et chutes des grandes cités, ils ont réparti les régimes politiques selon leurs caractéristiques internes et cherché à apprécier leurs chances de durée, à élaborer la forme de gouvernement la meilleure, c'est-à-dire en dernier ressort la plus solide, la plus résistante au temps et à son usure. Ce critère est même devenu décisif, et si Venise occupe dans la mythologie politique du XVIe siècle une place si importante, c'est avant tout à sa longévité qu'elle le doit. Montaigne rencontre, bien sûr, ces mêmes questions. On peut même dire qu'il s'y heurte durement, si rudement qu'il lui faut du recul pour en prendre la mesure. A dire vrai, il n'a pas le choix de se poser ou non un problème intellectuel, théorique, l'urgence de l'actualité le presse de penser ce qui manifestement résiste à la pensée : "nos troubles" comme il écrit, c'est-à-dire l'énigme de l'histoire présente. Nous avons du mal à nous imaginer aujourd'hui ce que durent être ces années confuses et violentes où l'horreur des massacres et la mort sans cesse possible constituent le paysage sur le fond duquel il a fallu réfléchir dans l'immédiateté des événements et réagir, d'abord pour survivre. Les anecdotes ne manquent pas dans les *Essais* de cette immédiate "présence d'esprit" ; rappelons deux formules : "J'en suis en particulier trop pressé" (III, IX, 956) ou "J'escrivois cecy environ le temps qu'une forte charge de nos troubles se croupit plusieurs mois, de tout son pois, droict sur moy" (III, XII, 1041, b). Cette "presse" est aux antipodes du point de vue impartial et distant qu'on s'attend à trouver chez un historien. Et pourtant, Montaigne va s'efforcer, en dépit de tout, en dépit de l'acharnement du sort (de la peste, de l'anarchie civile, de la confusion politique et religieuse) d'interroger l'énigme de l'histoire qu'il vit. Je voudrais essayer de relever quelques-unes des questions qu'il a rencontrées, comprendre comment il les a abordées, le biais qu'il a trouvé, le travail de réflexion qu'il a entrepris et l'attitude à laquelle il a été conduit.

L'urgence de ma propre situation m'a suggéré de prendre appui sur un texte précis, et l'un des plus propices m'a paru être un passage de III, IX "De la vanité" (956-962). Ces pages sont bien connues, et le tout récent ouvrage de Gisèle Mathieu-Castellani en parle en deux endroits, dans le chapitre intitulé "Les dépouilles de Plutarque", p. 63-89, et dans celui consacré au "Corps politique", p. 176-197 ; mes remarques se greffent en quelque sorte dans les marges de son texte. J'ai choisi ce passage parce qu'il me semble remarquablement montrer le travail de pensée entrepris par Montaigne à propos de l'histoire, travail dont Bernard Croquette a très justement tracé les linéaments (Lectoguide 2, 1981, p. 53-61).

Disons donc les choses avec toute la netteté qui convient pour rendre aux questions émoussées leur acuité douloureuse, leur puissance d'inquiétude et même leur capacité de désespoir : l'histoire — de maintenant comme de tous les temps — est-elle intelligible ? ou bien devons-nous renoncer à comprendre quoi que ce soit à cette horreur scandaleuse qui la constitue ? L'insoutenable est-il aussi indicible ?

Dans les quelques pages choisies, Montaigne parcourt l'espace qui sépare ces deux questions. Je l'accompagnerai en examinant trois biais pour aborder cette énigme : le récit des événements et ce qui l'entrave, les analogies et ce qui les menace, les exemples et ce qui les subvertit. Aux questions traditionnelles, on pressent que Montaigne ne va pas se hâter de répondre, et que tout au contraire il va s'interroger, soit explicitement soit par sa démarche même, sur leurs raisons, sur ce par quoi on les justifie coutumièrement.

Ainsi de l'histoire proprement dite. Acceptons-en le sens classique : récit ordonné des événements passés. Gisèle Mathieu-Castellani rappelle opportunément que, comme Plutarque, et plus précisément encore son traducteur Amyot dans l'avis *Aux lecteurs*, Montaigne distingue deux espèces d'histoires, celle qui se consacre à la narration nue des événements (τὰ γενόμενα) soit ce qui relève du domaine public, et celle qui a pour matière la vie, les personnes et leurs intentions, soit ce qui relève du domaine privé et particulier. La difficulté bien sûr se situe à la rencontre des deux domaines qui, en dépit des affirmations réitérées de Montaigne (notamment en III, X, 1012 "Le Maire et Montaigne ont tousjours esté deux, d'une separation bien claire"), ne cessent d'empiéter l'un sur l'autre, et comme on voit le plus souvent, le public sur le privé (voir un peu plus haut dans le même chapitre, p. 1006). A chacun de ces domaines correspondrait un style propre : aux événements, la narration avec son ordonnance chronologique, sa succession — mais par là-même, en vertu de cet enchaînement apparemment inéluctable de l'imaginaire humain, ses formes évidentes ou masquées de causalité, "*postea ergo propter*" ; à la vie, une peinture à la fois description et réflexion, dont les éléments seraient juxtaposés dans une coexistence qui viserait à la "nature des choses" ou à l'essence du sujet. Ces deux systèmes correspondraient en gros à la distinction établie par E. Benveniste entre "récit" lié à l'impersonnel (la non-personne) "il", et "discours" lié à l'énonciateur "je". Chaque registre possède une forme verbale (un "tiroir verbal" pour reprendre la terminologie de Damourette et Pichon) privilégiée, associée à la forme de pronom qui la régit, prétérit/troisième personne pour le récit, présent-parfait/première personne pour le discours.

A l'évidence le texte des *Essais* se prête mal à une distinction aussi nette, et pour les quelques pages qui nous occupent et où pourtant de nombreux récits historiques, de nombreuses anecdotes prennent place, on remarque une extension démesurée du présent de l'indicatif (lié ou non à la première personne d'ailleurs). (On compte environ 160 présents pour 21 prétérits). Ainsi la réconfortante distinction, la "séparation bien claire", entre ensembles narratifs et textes dits personnels ou systématiques (au présent indéterminé – maxime, règle ou loi, ou au présent de constat "je vois", "je suis d'avis"), cette distinction se retrouve tout à coup aléatoire et inopérante.

Or ce qui est en jeu n'est rien moins que la lisibilité de l'histoire : un récit continu au prétérit ordonne des événements qui sont déjà devenus des phénomènes de langage, relèvent donc déjà d'un sens ; et les formules au présent, dans l'ordinaire des cas, tirent les conclusions, la leçon des récits. C'est explicitement la façon dont procède Machiavel, avec une distinction des styles tout à fait marquée. "Ainsi" écrit-il, "il est facile, par une étude exacte et bien réfléchie du passé, de prévoir dans une république ce qui doit arriver, et alors il faut ou se servir des moyens mis en usage par les anciens, ou, n'en trouvant pas d'usités, en imaginer de nouveaux, d'après la ressemblance des événements..." (*Discours...*, I, XXXIX, Pléiade, p. 467). Pour Montaigne, les choses sont apparemment plus brouillées, et notamment en ce qui concerne le terme de "ressemblance" entre deux événements passés ; "... il est justement permis aux escholes de supposer des similitudes quand ils n'en ont point. Je n'en fay pas ainsi pourtant, et surpasse de ce costé là en religion superstitieuse toute foy historialle" (I, XXI, 106, c). Ce qui est souligné par la prédominance du présent de l'indicatif, c'est une incertitude des similitudes, une improbabilité des enchaînements, et au bout du compte une confusion qui touche aussi bien les fragments narratifs, les opinions personnelles ("je vois", "je n'ai point le courage de concevoir sans horreur", 956), les constats collectifs ("nous nous desplaisons volontiers de la condition presente") et les formules générales ("la conservation des estats est chose qui vray-semblablement surpasse nostre intelligence", 959), en les juxtaposant au lieu de les déduire les unes des autres. Or cette juxtaposition reflète au plus près ce dont Montaigne fait l'expérience chaque jour, à savoir qu'en matière d'histoire humaine, la déduction est avant tout une présomption exorbitante : pour déduire une maxime d'une narration, il faudrait que nous ayons accès à la causalité historique, ce dont Montaigne doute explicitement ("La cognoissance des causes appartient seulement à celuy qui a la conduite des choses, non à nous qui n'en avons que la souffrance, et qui en avons l'usage parfaictement plein, selon nostre nature, sans en penetrer l'origine et l'essence. Ny le vin n'en est plus plaisant à celuy qui en sçait les facultez premieres. Au contraire : et le corps et l'ame interrompent et alterent le droit qu'ils ont de l'usage du monde, y meslant l'opinion de science", III, XI, 1026, c)[1]. Le terme de présomption signifie ici la hâte à étendre le sens d'un terme au-delà de son sens légitime, à transformer en universel ce qui relève nécessairement du particulier, à placer un présent de loi comme conséquence d'un prétérit. On peut d'ailleurs remarquer l'extrême rareté des marques de coordination et de subordination dans notre passage, une petite dizaine pour six pages.

Et pourtant cette confusion même dans laquelle la loi de l'histoire devient indéchiffrable, dans laquelle le sens est perdu,

---

1 Dans son *Traité de l'argumentation*, Ch. Perelman intitule un chapitre "Les liaisons qui fondent la structure du réel". On ne saurait formuler plus ironiquement ce dont Montaigne tente précisément de se garder : les "ainsi", les "c'est pourquoi", les "donc" indiquent un passage du particulier (récit) au général (maxime) et cela suppose en effet que la "structure du réel" soit énonçable. Or c'est supposer résolue la question posée par l'énigme du temps présent.

offre paradoxalement à Montaigne l'occasion d'un nouveau travail de réflexion. Reconnu et interrogé, le non-sens de l'histoire produit à son tour un sens, problématique certes et instable, qu'il va falloir à nouveau et sans cesse questionner, mais un sens tout de même. Cela a été remarquablement analysé par Karlheinz Stierle (dans son article "L'Histoire comme Exemple, l'Exemple comme Histoire", *Poétique*, 10, 1972, p. 176-198). On pourrait formuler cette pensée paradoxale ainsi : nous n'avons pas accès à la connaissance de l'histoire, d'être venus après ne nous met pas en position de juger ce qui s'est produit avant, encore moins de maitriser le cours des événements, mais ce constat constitue le commencement d'une connaissance. Connaissance d'un nouveau genre puisqu'elle ne pourra jamais être tenue pour acquise, devra au contraire à chaque instant être pensée à neuf. Il n'est plus question d'accumuler des anecdotes et des exemples pour construire une thèse positive, mais de scruter, d'instant en instant l'inanité de nos connaissances et le danger de nos prétentions. Le temps de l'histoire n'est pas cette ligne continue que nous imaginons en lisant les *Annales*, même "d'un fil", il est morcelé en une discontinuité irrémédiable ("mon entendement ne va pas tousjours avant, il va à reculons aussi… Moy à cette heure et moy tantost sommes bien deux…" 964), et cette discontinuité qui est notre humaine condition impose de reprendre notre pensée au présent de l'indicatif.

Ainsi le texte procède-t-il en apparence à la manière commune, mais c'est pour défaire le fil que la réflexion traditionnelle cherche à tirer, c'est pour ruiner la prétention à déduire une règle de la diversité des histoires. Comme Bodin, qui dans la *République* (1576) reproche à Th. More d'avoir décrit une cité "en idee, sans effect", Montaigne écrit avec vigueur : "Et certes toutes ces descriptions de police, feinctes par art, se trouvent ridicules et ineptes à mettre en practique... nous prenons les hommes obligez desjà et formez à certaines coustumes ; ... nous ne pouvons guieres les tordre de leur ply accoustumé que nous ne rompons tout" (957). Il ne s'agit plus de formuler une pensée positive sur les régimes politiques, mais d'examiner comment et pourquoi ceux qui croient possible d'intervenir dans le politique se trompent, et comment leur intervention se révèle nocive. Or, par un nouveau paradoxe, par une sorte d'ironie du sort, en déniant ainsi à la raison la capacité de déchiffer l'histoire et de comprendre la société civile, on élabore, en quelque sorte en négatif, sinon une théorie politique, au moins le cadre conceptuel dans lequel elle pourrait se développer, avec les conséquences pratiques qu'il convient d'en tirer. "En fin je vois par nostre exemple que la societé des hommes se tient et se coust, à quelque pris que ce soit. En quelque assiete qu'on les couche, ils s'appilent et se rengent en se remuant et s'entassent, comme des corps mal unis qu'on empoche sans ordre trouvent d'eux mesme la façon de se joindre et s'emplacer les uns parmi les autres, souvent mieux que l'art ne les eust sçeu disposer" (956). Suit l'exemple de Ponéropolis, la cité des repris de justice fondée par Philippe de Macédoine, et qui ne fut pas pire qu'une autre. Le politique constitue un domaine autonome, il obéit à des lois qui lui sont propres et qui nous demeurent opaques. Il nous faut prendre la mesure de cette opacité, et en prendre acte. Voilà à quoi nous nous refusons ordinairement.

Allons-nous pour autant renoncer à penser/parler, assurément non. Là où le raisonnement se voit contraint d'abdiquer, peut-être reste-t-il d'autres moyens pour comprendre. Dans les dialogues platoniciens, la dialectique parfois achoppe, et laisse place au mythe. De même ici, ce sont des analogies qui cherchent à évoquer l'histoire des sociétés humaines. Elles sont trois, et se développent sur les six pages. Elles appartiennent à la tradition, au moins pour deux d'entre elles, celle du bâtiment et celle du corps organique ; l'une évoque une construction due à l'habileté humaine, à l'art, l'autre une organisation due à la nature pour assurer la vie d'un organisme et la survie de l'espèce. Moins commune en revanche est l'image du "tas" dont le principe organisateur (la pesanteur) reste énigmatique et d'une finalité obscure par opposition aux deux autres dont on peut penser "clairement" qu'elles visent (ou accomplissent un principe) à la beauté ou à la vie. Il pourrait paraître superflu de les parcourir une fois de plus, pourtant l'usage qu'en fait ici le texte mérite un bref commentaire.

Lors de la sécession de la plèbe, Menenius Agrippa parvint à convaincre les plébéiens de leur erreur grâce à l'apologue des membres et de l'estomac ; et en effet, comment résister à la puissance de persuasion d'une telle fable, puisque évidemment les membres ne tarderont pas à tomber en langueur s'ils ne travaillent pas à nourrir l'estomac, qui les nourrit. Oui, mais c'est à la condition d'oublier à quel point il est arbitraire d'assimiler les membres et la plèbe, l'estomac et les patriciens. L'efficacité rhétorique de l'argumentation procède de cet oubli, effacement d'un argument intermédiaire qui dirait à peu près : "vous nous accusez de profiter sans rien faire de votre travail, mais nous sommes en vérité comme l'estomac dans le corps, qui semble ne rien faire, mais en réalité nourrit les membres" ; or il suffit de l'énoncer dans toute son extension pour que l'assimilation soit suspecte, et qu'on perçoive la visée partisane de Menenius défendant les intérêts de sa classe, de la même façon que si j'entends la formule "je vous dis la vérité" je suis enclin à suspecter la tromperie. La métaphore pour Menenius sert à tromper en faisant croire naturel ce qui relève de la différence sociale entre les classes, en utilisant la métaphore comme une preuve, et en la substituant au raisonnement.

Rien de tel ici. D'abord parce qu'aucune des métaphores n'est développée au point de constituer un ensemble qui pourrait être assez autonome pour servir de référence, les unes et les autres courent par bribes tout au long des six pages en se mêlant entre elles sans souci de cohérence, semble-t-il. Ensuite parce qu'au lieu de proposer un modèle intelligible qui composerait une organisation harmonieuse de la société humaine, les analogies évoquent des monstres dont la tradition voudrait qu'ils ne soient pas viables, mais dont l'expérience actuelle témoigne qu'ils vivent contre tous nos voeux d'ordre, de beauté ou de santé. Il y a grande difficulté pour la raison à concevoir que ce qu'elle nomme ruine ou maladie peut très bien en réalité s'avérer facteur de résistance ou "santé plus entiere" ; le renversement est si paradoxal que l'image est le seul moyen de le formuler. Nous ne sommes plus ni dans un manuel d'architecture, ni un traité de médecine ou d'histoire naturelle, mais dans une évocation de cauchemars. Ainsi : "Tout ce qui branle ne tombe pas. La contexture d'un si grand corps tient à plus d'un clou. Il tient mesme par son antiquité : comme les vieux bastimens, ausquels l'aage a desrobé le pied, sans crouste et sans cyment, qui pourtant vivent et se soustiennent en leur propre poix..." (960), où l'on peut imaginer un décor à la Piranèse, entassement improbable d'architecture où règne le porte-à-faux. Ou bien : "Qui sçait si Dieu voudra qu'il en advienne comme des corps qui se purgent et remettent en meilleur estat par longues et griefves maladies, lesquelles leur rendent une santé plus entiere et plus nette que celle qu'elles leur avoient osté ? " (961), avec cette forme interrogative qui témoigne que la comparaison avec l'organisme sert ici à donner une forme énonçable au paradoxe énigmatique : la maladie, peut-être est-ce la santé ?

L'analogie n'est plus à proprement parler un argument, encore moins une affirmation, mais en quelque sorte un atelier où l'on essaie d'élaborer une formulation de ce qui ne peut se dire sans contradiction dans un énoncé discursif, puisque des notions contraires s'y retrouvent équivalentes. Comme si l'analogie était un moyen pour essayer de comprendre ce dont la raison ne peut se saisir : "Je vois, non une action, ou trois, ou cent, mais des meurs en usage commun et reçeu si monstrueuses en inhumanité sur tout et desloyauté, qui est pour moy la pire espece des vices, que je n'ay point le courage de les concevoir sans horreur ; et les admire quasi autant que je les deteste. L'exercice de ces meschancetez insignes porte marque de vigueur et force d'ame autant que d'erreur et desreglement" (956). On pourrait ajouter que par cette tentative d'exploration, l'analogie témoigne en outre de l'incapacité de la raison à interpréter l'histoire des sociétés humaines.

Montaigne, nous l'avons vu, ne partage pas l'optimisme de Machiavel qui croit possible de lire l'histoire et d'en tirer une leçon ; même si, comme Montaigne, Machiavel a la conviction que la loi ne peut être pensée sous le signe de la mesure ni rapportée à l'action d'une instance raisonnable (voir sur ce sujet Claude Lefort, *Machiavel...*, p. 466 et suivantes, dont la lecture est un exemple). Je voudrais pour terminer évoquer le traitement d'un exemple particulier tiré de Tite Live, au livre XXIII, § 3, la conduite de Pacuvius Calavius. Après sa victoire de Cannes, Hannibal marche sur Capoue, que "la licence du peuple qui jouissait sans frein de sa liberté" lui présente comme une proie facile. Calavius, redoutant une défection du peuple de Capoue très hostile au sénat, imagine une mise en scène, racontée par Montaigne dans une transcription très fidèle de Tite Live. Pacuvius persuade le sénat de rester enfermé, puis il convie le peuple assemblé à en renouveler les membres un à un. A chaque nom, c'est un tollé général, mais il s'avère qu'il est tout à fait impossible de trouver mieux, et pour finir le sénat est reconduit tel qu'il était. Tite Live raconte les événements sans les commenter.

Cet épisode a attiré l'attention de Machiavel, qui le reprend et lui ajoute une ornementation dramatique très vivante, très intense, (notamment avec l'emploi du présent), et l'invention d'un discours de Pacuvius qui constitue un modèle d'interprétation (*Discours...*, I, XLVII, Pléiade, p. 480-483) ; je ne veux pas dire par là que Machiavel sollicite le texte de Tite Live, mais il en amplifie très notablement ce qui va dans le sens de son propos. Or que veut-il établir ? Son chapitre s'intitule "Que le peuple, quoique sujet à se tromper dans les affaires générales, ne se trompe pas dans les particulieres" ; il y est question du paradoxe suivant : au moment de désigner les tribuns qui devaient contrebalancer la puissance des consuls, le peuple eut la sagesse de les choisir parmi les patriciens, reconnaissant ainsi implicitement sa propre incapacité politique. Et dans ce contexte l'épisode apparaît comme un éloge de Pacuvius (appelé Calanus chez Machiavel), qui a su révéler au peuple son propre désir inconscient par une mise en scène qui, en semblant abonder dans le sens de ses revendications, lui a, en fait, permis d'en mesurer l'inanité. "Ruse innocente employée par le Sénat romain pour diriger le peuple dans ses choix" (483), commente Machiavel. La leçon implicite du chapitre s'oppose ainsi radicalement à la toute-puissance de la Fortune chère à Tite Live, puisqu'elle soutient au contraire qu'on peut (si on est un homme instruit et sage) diriger les événements.

Le récit de Montaigne, très sobre, inverse diamétralement ce point de vue : les événements sont envisagés du côté du peuple, la question posée est de savoir s'il était bon ou non pour le peuple de vouloir retirer au sénat son pouvoir. Et la réponse est donnée dès l'introduction de l'épisode : "Qui viseroit droit à la guarison et en consulteroit avant toute oeuvre se refroidiroit volontiers d'y mettre la main. Pacuvius Calavius corrigea le vice de ce proceder par un exemple insigne" (958). Certes ici aussi Pacuvius joue le rôle de pédagogue, mais le "Qui viseroit droit..." concerne bien le peuple et sa méconnaissance de la réalité historique, méconnaissance que la formule de Montaigne étend à tous ceux qui ont la présomption de vouloir corriger le mal présent. Ainsi l'épisode ne décerne un éloge à Pacuvius que parce qu'il est intervenu dans le sens d'une non-intervention, laquelle est la seule attitude possible dès lors qu'on a reconnu l'incapacité de la raison humaine. Il est très probable que la confusion générale qui règne au moment où Montaigne écrit, avec le scandale de ses horreurs et de ses massacres, n'est pas pour peu dans un scepticisme aussi déterminé. Le parcours que je viens de retracer aboutit ainsi à une formule socratique : en matière d'histoire politique, je ne sais qu'une chose c'est que je ne sais rien.

Va-t-on pour autant se démettre, démissionner ? La tentation est grande, et Montaigne, lorsqu'il évoque ce qui l'a incité à voyager, mentionne explicitement "la disconvenance aux meurs presentes de nostre estat" (956). Une autre façon de s'éloigner serait la lecture des auteurs anciens, le refuge dans la bibliothèque. Évoquant la disparition récente de ce "bon monsieur de Pibrac" ou celle de monsieur de Foix, Montaigne trouve des termes qui traduisent sa nostalgie des vieux âges, de ces temps antiques où (selon le regard actuel...) ne régnait pas une telle anarchie : "Mais qui les avoit logées (ces âmes) en cet aage, si disconvenables et si disproportionnées à nostre corruption et à nos tempestes ?" (958). Ce sont là des propos qui rappellent la phrase fameuse à l'éloge de La Boétie : "Il avoit son esprit moulé au patron d'autres siecles que ceux-cy" (I, XXVIII, 194, a). Mais du voyage, il faut bien revenir, et l'on ne peut passer sa vie dans la retraite, il y aurait là une fuite qui ressemblerait fort à de la lâcheté. Il faut donc affronter les troubles, et du même coup éprouver impitoyablement, au jour la journée, la difficulté de juger, car la "presse" ne laisse pas de répit ; il faut "penser", dans l'urgence, alors même qu'on a reconnu l'impuissance de la raison. Le moindre mal consiste à circonscrire son jugement — on se souvient que "Tous jugemens en gros sont laches et imparfaicts" (III, VIII, 943, b) — et à borner son intervention, inévitable, aux "commoditez les plus proches et contigues" (III, X, 1011, b). Se défier de la présomption aide ainsi à la souplesse, dont l'expérience des affaires enseigne qu'elle est une valeur positive au lieu que les manuels de vertu la condamnent comme une couardise ("La vertu assignée aus affaires du monde est une vertu à plusieurs plis, encoigneures et couddes, pour s'apliquer et joindre à l'humaine foiblesse, meslée et artificielle, non droitte, nette, constante, ny purement innocente", 991, b).

Nous ne pouvons imaginer ce qui résultera de nos actions, mais nous devons néanmoins les mener dans la mesure de nos moyens. Cette pensée des "jours sombres" distingue parfois une lueur d'espoir ("Pour moy, je n'en entre point au desespoir, et me semble y voir des routes à nous sauver", 961), mais, plus souvent, se heurte à la nuit terrible qui semble présager la fin du monde : "Et cecy aussi me poise, que le plus voysin mal qui nous menace n'est pas alteration en la masse entiere et solide, mais sa dissipation et divulsion l'extreme de noz craintes" (961-962, c), où le réconfort qu'on puisait tout à l'heure dans l'analogie du "tas" se trouve lui-même menacé par les déchirements de la guerre civile, les assassinats des Grands (les Guise) et du roi Henri III. On peut s'étonner du courage que trouve Montaigne pour persévérer "malgré tout", et persister en dépit de son pessimisme radical, comme si, paradoxalement, il avait trouvé des forces dans cela même qui aurait dû les lui enlever. Mais peut-être faut-il aller jusqu'au désespoir pour commencer à penser véritablement.

CHAPITRE 2

COMMENT COMMENCER À PENSER VÉRITABLEMENT ?

"Qui suyt un autre, il ne suyt rien"

Les obstacles à la pensée sont mystérieux et multiformes. L'essentiel de leur force vient de ce qu'ils ne sont pas visibles : nous croyons réfléchir par nous-mêmes et nous ne nous apercevons pas que nous sommes en train de répéter, de laisser parler en nous des pensées toutes faites qui nous envahissent insidieusement, si insidieusement que nous les prenons en toute bonne foi pour des pensées personnelles. Il faut sans doute un événement inattendu pour faire apparaître cet invisible, pour nous aider à percevoir que nous avancions en somnambules dans un monde que nous avions imaginé plus que nous ne l'avions vu, comme le dit la célèbre formule grecque, "rêve d'une ombre".

Alors on se met en quête de ce qui peut nous guider dans la recherche d'une pensée vraie, d'une pensée qui soit en accord avec les choses. Après tout nous ne sommes pas les premiers que met en mouvement ce désir de savoir ; et tout naturellement Montaigne se met à parcourir la tradition : c'est d'abord en s'enfermant dans sa bibliothèque qu'il essaie, et si l'on parcourt le catalogue dressé par Pierre Villey (quel que soit son caractère conjectural), on est frappé par le nombre, mais surtout la qualité des ouvrages qui y figurent. De même tout lecteur des *Essais* a été impressionné par l'abondance et la diversité des citations qui y parsèment le texte, au point qu'on a vu Montaigne accusé de faire parade de sa culture. S'il accumule ainsi les lectures, c'est, on le voit dans ses premiers essais, pour essayer de trouver une solution raisonnable, sage, aux principales difficultés de la vie publique et privée. A sa façon, cela a été bien marqué depuis longtemps, et je le rappelle brièvement, il procède selon les méthodes en usage à son époque : les recueils d'aphorismes et d'adages ne manquent pas, et, en un sens, quand il se lance dans son entreprise, Montaigne n'a pas, semble-t-il, une ambition très différente : il réunit une collection de récits et d'exemples, dont il emprunte d'ailleurs une bonne part à des compilateurs contemporains ; on en trouve la trace dans plus d'un essai du livre I en particulier (ainsi les chapitres XXI, XXIII, XXVI, XXXI, etc...), et aussi du livre II (notamment le chapitre III). Pourtant très vite ces florilèges provoquent tout le contraire du réconfort qu'on en attendait : les anecdotes et citations rassemblées s'avèrent incapables d'aider à construire un savoir positif, ou même d'apporter des lumières. Au contraire, les lectures semblent embrouiller les choses plutôt que les éclairer ; et cela de deux façons : d'abord parce que les récits que nous trouvons à lire suscitent souvent une réserve (pour dire le moins), le crédit qu'on peut leur accorder ne va pas de soi puisque ils reposent sur des témoignages dont on mesure bien vite la fragilité (voir en particulier I, XXI, "De la force de l'imagination"). Ensuite parce que, au lieu de s'accorder entre eux pour donner à imaginer ou à concevoir une unité de sens, une cohérence naturelle dans l'ordre des choses et des raisons, les récits présentent à nos yeux une infinie diversité, une variété qui décourage l'interprétation (comme on voit en particulier dans l'extraordinaire chapitre "De la coutume", I, XXIII).

Or dans ces deux passages, on note qu'une addition (c) vient modifier la vision que Montaigne avait des difficultés. La première n'est en effet pas surmontable : "car les Histoires que j'emprunte, je les renvoie sur la conscience de ceux de qui je les prens" (I, XXI, 105, a). Mais si nous ne pouvons établir les faits, est-ce une raison pour ne pas réfléchir ? L'addition répond en déplaçant notablement la question : "Aussi en l'estude que je traitte de noz moeurs et mouvements, les tesmoignages fabuleux, pourveu qu'ils soient possibles, y servent comme les vrais. Advenu ou non advenu, à Paris ou à Rome, à Jean ou à Pierre, c'est tousjours un tour de l'humaine capacité, duquel je suis utilement advisé par ce recit. Je le voy et en fay mon profit egalement en umbre qu'en corps. Et aux diverses leçons qu'ont souvent les histoires, je prens à me servir de celle qui est la plus rare et memorable. Il y a des autheurs desquels la fin c'est dire les evenemens. La mienne, si j'y sçavoye advenir, serait dire sur ce qui peut advenir" (105-106 c). L'objet de l'enquête a totalement changé : les *exempla* ne sont plus tenus pour réels, historiques, mais seulement comme des possibles, matière à réflexion. C'est un changement complet, une renonciation déterminée à la première façon.

De même pour la seconde difficulté : certes, nous ne pouvons, vu l'infinie variété des comportements et des usages, imaginer trouver une loi à laquelle les rapporter, Allons-nous pour autant nous désespérer de cette confusion ? Deux additions très longues (b et c) modifient la perspective. Pour faire court, citons deux phrases qui fournissent une indication précise : "Les miracles sont selon l'ignorance en quoy nous sommes de la nature, non selon l'estre de la nature" (I, XXIII, 112, c), et "Par où il advient que ce qui est hors des gonds de coustume, on le croid hors des gonds de raison : Dieu sçait combien desraisonnablement, le plus souvent" (116, c). Ici aussi, la connaissance a radicalement changé de nature, et du coup au lieu de s'alarmer devant la complexité et la variété des moeurs, on en tire argument pour poursuivre la réflexion, notamment pour envisager la possibilité de modifier les institutions humaines et essayer de concevoir une pensée de la société – et l'on sait la prudence de Montaigne en ce domaine ("Ceux qui donnent le bransle à un estat, sont volontiers les premiers absorbez en sa ruyne" 119, b). On trouverait sans peine dans le livre III nombre de formules très proches, et qui témoignent d'un renoncement explicite à une affirmation positive concernant la nature des choses ou de l'homme. Citons brièvement : "La ressemblance ne faict pas tant un comme la difference faict autre. (c) Nature s'est obligée à ne rien faire autre, qui ne fust dissemblable" (III, XIII, 1065). Du coup c'est l'entreprise tout entière qui se déplace, par une sorte de révolution dont on trouverait assez précisément la trace dans l'*Apologie de Raimond Sebond*, où Montaigne s'ingénie à opposer les unes aux autres les interprétations des différentes écoles philosophiques, et à mettre en doute les témoignages, refusant explicitement toute possibilité d'atteindre à une connaissance positive, et désignant du même mouvement notre limitation irrémédiable : "La presomption est nostre maladie naturelle et originelle. La plus calamiteuse et fraile de toutes les creatures, c'est l'homme, et quant et quant la plus orgueilleuse" (II, XII, 452, a). Voilà le constat par lequel il nous faut passer pour commencer à penser véritablement.

Cette défiance à l'égard de la raison, si elle est nécessaire et souhaitable, produit à son tour (ou risque de produire) des considérations qu'on trouverait tout aussi bien dans la tradition. Ainsi : "J'appelle tousjours raison cette apparence de discours que chacun forge en soy : cette raison, de la condition de laquelle il y en peut avoir cent contraires autour d'un mesme subject, c'est un instrument de plomb et de cire, alongeable, ployable et accommodable à tous biais et à toutes mesures..." (II, XII, 565), où la formule pourrait tout à fait sembler un lieu commun : la règle de plomb désignait métaphoriquement une justice souple et modifiable selon les cas et les circonstances, non seulement une justice constituée selon la jurisprudence et non selon le code, mais encore une justice corrompue ; on la désignait communément par l'expression "canon de Lesbos". Or ce serait bien un lieu commun si celui qui le profère s'en jugeait indemne lui-même et s'il pensait échapper à cette règle. Mais voici qu'aussitôt Montaigne se met au nombre de ceux que vise l'assertion : "Moy qui m'espie de plus prez (...) à peine oseroy-je dire la vanité et la foiblesse que je trouve chez moy. J'ay le pied si instable et si mal assis, je le trouve si aysé à croler et si prest au branle, et ma veuë si desreglée, que à jun je me sens autre qu'apres le repas..." (565). En s'incluant ainsi dans la critique, non comme sujet qui juge, mais comme sujet-objet du jugement, Montaigne déplace toute la perspective, et se met lui-même en demeure de réagir. Ou, pour user d'autres termes, de se réveiller.

D'un semblable retour, on trouve un exemple à mes yeux fondamental, puisque c'est là que se joue l'innovation essentielle de la pensée de Montaigne. On a depuis longtemps souligné l'importance de Plutarque, et Montaigne lui-même ("Quand j'escris, je me passe bien de la compagnie et souvenance des livres (...) Mais je me puis plus malaisément deffaire de Plutarque... (c) je ne le puis si peu racointer que je n'en tire cuisse ou aile" (III, V, 874-875). On a remarqué aussi que les trois dernières pages de l'*Apologie* sont purement et simplement une traduction des chapitres XVIII et XIX du dialogue intitulé *Sur le E de Delphes*, chapitres dans lesquels Ammonios (le "*pater tou logou*") explique la signification du E en termes d'Être, la deuxième personne du verbe (εἶ) pouvant s'écrire E, par opposition à l'être-dans-le-temps, c'est-à-dire à l'être rongé d'une déperdition ou d'un inaccomplissement inéluctables, comme en témoignent les formes verbales du passé et du futur. A part quatre additions de détail, et l'omission de deux redondances brèves dans Plutarque, c'est le texte ancien que Montaigne incorpore à son propre développement, sans autrement le signaler que par la mention finale : "A cette conclusion si religieuse d'un homme payen, je veux joindre seulement ce mot..." (603). Un emprunt aussi long, continu et sans remarque personnelle est unique dans les *Essais*. Cela incite à s'interroger.

Pour Ammonios, il s'agit de marquer la grandeur d'Apollon, dieu philosophe, seul détenteur de l'Être ; et il faut attendre la fin du dialogue pour entendre une interprétation du "connais-toi toi-même" comme une injonction à faire retour sur soi pour reconnaître la finitude de l'homme. Pour Montaigne, il s'agit de souligner la présomption humaine, la finitude de l'existence et la vanité de la grandeur : vouloir s'élever, c'est "faire la poignée plus grande que le poing, la brassée plus grande que le bras, et d'esperer enjamber plus que de l'estenduë de nos jambes, cela est impossible et monstrueux" (604). Mais, disant cela, Montaigne ne sort pas encore véritablement du moralisme traditionnel, ni du lieu commun sceptique. Il le traduit de

Plutarque (via Amyot bien sûr), il aurait pu l'emprunter tout aussi bien à Philon d'Alexandrie par exemple, et notamment au *De Josepho*, § 127-130, ou à Énésidème via Sextus Empiricus. Or l'essentiel tient au parti qu'il en tire, et dont on voit toute l'importance dans un texte qui ouvre le chapitre "Du repentir" (III, II, 804-805). Pour en donner ce qui est, à mes yeux, la formule essentielle, et qui définit à la fois la pensée et son expression, liées de façon indissociable, c'est-à-dire l'objet même des *Essais*, un objet nouveau et entièrement original : "Je ne peins pas l'estre. Je peints le passage..." (805). Autrement dit, le texte de Plutarque a pour effet de définir un nouvel objet de connaissance (les phénomènes tels qu'ils apparaissent), et une nouvelle manière de concevoir la vérité : vérité relative, rapportée au moment où elle est énoncée ("Il faut accommoder mon histoire à l'heure" 805).

Mais cela entraîne du même coup qu'il devient impossible de continuer à écrire comme avant, comme si l'écriture avait, elle, le privilège d'échapper au temps. Il faut donc inventer une forme d'expression adéquate, un nouveau style. Si l'on veut que ce style se prête aux exigences que nous venons d'évoquer, il va falloir qu'il évite l'uniformité, et même l'unité – y compris l'unité de ton (pour combattre l'illusion de complétude), qu'il trouve le moyen de retenir ou de suspendre les affirmations (pour combattre l'illusion de certitude, autrement dit la présomption), et enfin qu'il essaie de ne pas transformer un constat historiquement daté en maxime générale (pour combattre l'illusion d'éternité). On reconnaît là des caractéristiques du style des *Essais* : le développement y procède par sauts et gambades, la matière des chapitres ne répond que de loin à leur titre, et il est bien rare qu'une conclusion affirmative referme une question.

Cela paraît simple, à dire les choses ainsi, de façon rétrospective : nous analysons calmement une attitude qui pourtant ne va pas de soi, même si elle fait partie d'un ensemble de conduites et de manières d'être qui s'accordent au tempérament et à l'histoire singulière de Montaigne ("Je suis divers de la façon commune"). Cela ne va pas de soi, et même cela demande les précautions les plus attentives, les plus méticuleuses. Rien n'est si facile que de laisser une phrase aller "outre", il suffit que l'événement unique reçoive une valeur d'exemple pour glisser dans une généralité persuasive. Montaigne le sait si bien qu'il l'énonce avec une malice impitoyable à soi-même : "Moy-mesme, qui faicts singuliere conscience de mentir et qui ne me soucie guiere de donner creance et authorité à ce que je dis, m'apperçoy toutesfois, aux propos que j'ay en mains, qu'estant eschauffé (...) je grossis et enfle mon subject par vois, mouvemens, vigueur et force de parolles, et encore par extention et amplification, non sans interest de la verité nayfve" (III, XI, 1028). Si l'on n'y prend pas garde, on retombe ainsi à chaque moment dans la léthargie mentale, dans la non-pensée. Pour s'en empêcher, il faut se prémunir et trouver les formes de dire qui aident à se retenir de "donner voie à l'opinion".

Le plus simple sans doute consiste à glisser au beau milieu d'une assertion un petit mot, adverbe, locution, incise, qui suspende un temps la puissance d'affirmation que comporte tout énoncé écrit. Avec une acuité de perception tout à fait remarquable, Montaigne reconnaît l'obstacle, et imagine des moyens pour le neutraliser : "Le stile à Romme portait que cela mesme qu'un tesmoin deposoit pour l'avoir veu de ses yeux, et ce qu'un juge ordonnoit de sa plus certaine science, estoit conceu en cette forme de parler : Il me semble. On me faict hayr les choses vray-semblables quand on me les plante pour infallibles. J'ayme ces mots, qui amollissent et moderent la temerité de nos propositions : A l'avanture, Aucunement, Quelque, On dict, Je pense, et semblables. Et si j'eusse eu à dresser des enfans, je leur eusse tant mis en la bouche cette façon de respondre, (c) enquesteuse, non resolutive : (b) Qu'est-ce à dire ? Je ne l'entends pas, Il pourroit estre, Est-il vray ? qu'ils eussent plustost gardé la forme d'apprentis à soixante ans que de representer les docteurs à dix ans, comme ils font. Qui veut guerir de l'ignorance, il faut la confesser. (c) Iris est fille de Thaumantis. L'admiration est le fondement de toute philosophie, l'inquisition, le progrez, l'ignorance le bout" (III, XI, 1030). De fait ces formules de réticence, ou de restriction, reviennent avec une fréquence très remarquable, et un accent souligné "Voyre à l'avanture..." p. 831, 835, 945, 992, pour citer des moments particulièrement importants). En quoi consiste réellement ce genre de locution ? On peut imaginer qu'il s'agit d'ouvrir, pour la phrase qui est en train de se composer, une sorte d'espace silencieux où elle puisse un instant se suspendre, juste le temps que celui qui la profère ait chance d'en entendre la résonance, et comme un écho à peine murmuré mais suffisant pour que l'exagération, l'emphase, l'enflure, l'outrecuidance soient perceptibles ; et du coup, un retour à soi.

Un autre biais consiste à rompre un discours dont la tentation première consiste à s'étendre de soi-même, par sa propre pente, par l'entraînement de sa propre pesanteur. Montaigne trouve deux façons d'inégale fréquence statistique, et d'inégale portée. Les tournures exclamatives d'abord. Elles ont l'avantage stylistique de renouveler la puissance d'attention que peut consacrer à un raisonnement difficile un lecteur moyennement épris d'abstraction ; elles prennent à témoin un interlocuteur imaginaire qu'elles transforment en complice. Ainsi, entre tant d'exemples possibles : "Mon Dieu, que la sagesse faict un bon office à ceux de qui elle renge les desirs à leur puissance"(III, III, 820) ou encore "Quelles Metamorphoses luy voy-je faire tous les jours en plusieurs de mes cognoissans..." (III, II, 817). Elles prennent à témoin, mais aussi elles provoquent, comme on lance un défi à qui vous écoute ou vous lit.

Un second moyen d'interrompre : les impératifs. A. Lorian leur a consacré une très remarquable étude dans *Zeitschrift fur romanische Philologie* (1964, t. 80, 1-2, p. 54-97). Il y analyse avec un soin méticuleux les 550 impératifs que comportent les *Essais.* Je ne peux que renvoyer à ses commentaires, auxquels je souscris entièrement. J'en relève simplement deux points : 1) Montaigne utilise très peu l'impératif "jussif" ("imperieux, magistral") et beaucoup l'impératif dit "hortatif". 2) La fréquence des impératifs de la 1ère personne du pluriel dépasse de très loin la norme usuelle. Cela suggère, ici aussi, une rupture propre à solliciter le lecteur, et en même temps à faire revenir à soi l'énonciateur. Exemples : "Revenons à nos bouteilles" (II, II, 344), "Passons outre" (III, V, 853) ou encore "Retombons à nos coches" (III, VI, 915). Ils ne manquent pas.

Un troisième biais, plus complexe, nous ouvrira peut-être une voie pour comprendre l'enjeu de ces tentatives d'expression si caractéristiques. Reprenons le passage de "Sur des vers de Virgile" : "Pour ce mien dessein, il me vient aussi à propos d'escrire chez moy, en pays sauvage, ou personne ne m'ayde ny me releve, où je ne hante communéement homme qui entende le latin de son patenostre, et de français un peu moins. Je l'eusse faict meilleur ailleurs, mais l'ouvrage eust esté moins mien ; et sa fin principale et perfection, c'est d'estre exactement mien. Je corrigerois bien une erreur accidentale, dequoy je suis plain, ainsi que je cours inadvertemment ; mais les imperfections qui sont en moy ordinaires et constantes, ce seroit trahison de les oster. Quand on m'a dit ou que moy-mesme me suis dict : Tu es trop espais en figures. Voilà un mot du creu de Gascoigne. Voilà une frase dangereuse (je n'en refuis aucune de celles qui s'usent emmy les rues françoises ; ceux qui veulent combatre l'usage par la grammaire se moquent). Voilà un discours ignorant. Voilà un discours paradoxe. En voilà un trop fol. (c) Tu te joues souvent ; on estimera que tu dies à droit, ce que tu dis à feinte. – (b) Oui, fais-je ; mais je corrige les fautes d'inadvertence, non celles de coustume. Est-ce pas ainsi que je parle par tout ? me represente-je pas vivement ? suffit ! J'ay faict ce que j'ay voulu : tout le monde me reconnoit en mon livre, et mon livre en moy" (III, V, 875). Le passage est bien connu. Si je le reprends, c'est seulement pour en souligner l'extraordinaire forme de parole : tout à la fois Montaigne y dit la solitude, à la fois subie et choisie, de sa vie à l'écart, et en même temps il invente une forme de dialogue qui la rompt et engage une sorte d'apostrophe plutôt rude et grondeuse. On méconnaitrait gravement la portée de ce recours au "tu" si on le réduisait à une ornementation rhétorique. Évoquons un autre exemple : "Puisque je ne puis arrester l'attention du lecteur par le pois, "*manco male*" s'il advient que je l'arreste par mon embrouillure. – Voire, mais il se repentira par apres de s'y estre amusé. – C'est mon, mais il s'y sera tousjours amusé" (III, IX, 995). A quoi peut bien correspondre cette forme paradoxale qui transforme un monologue en dialogue ? A quoi rime la sévère apostrophe qui clôt le chapitre IX, "De la vanité" (et qui survient après une évocation du dieu de Delphes et du "connais-toi toi-même", maxime qualifiée de "commandement paradoxe") : "tu es le scrutateur sans connoissance, le magistrat sans juridiction et apres tout le badin de la farce" (1001) ?

Il faut, je crois, revenir à "L'art de conferer". "Le plus fructueux et naturel exercice de nostre esprit, c'est à mon gré la conference. J'en trouve l'usage plus doux que d'aucune autre action de nostre vie ; et c'est la raison pourquoy, si j'estois asture forcé de choisir, je consentirois plustost, ce crois-je, de perdre la veuë que l'ouir ou le parler. Les Atheniens, et encore les Romains conservoient en grand honneur cet exercice en leurs Academies" (922). Voilà défini le *genre* de la parole philosophique par excellence ; ce qui ne saurait surprendre quand on sait le rôle essentiel joué par la figure de Socrate, c'est-à-dire les *dialogues* de Platon, en particulier dans le livre III des *Essais*. Cette technique dialogique a bien sûr des répondants dans la tradition occidentale et c'est assurément à elle que Montaigne se rapporte. Pourtant il me semble qu'elle subit ici une inflexion particulière : elle n'est en rien mise au service d'un thème, d'un sujet qui constituerait l'objet du débat, le caractère décousu et disparate des grands chapitres (l'*Apologie* mise à part) en est témoin. D'autre part, elle ne vise pas à réfuter des thèses mais elle se borne plutôt à enregistrer (je raconte, je recite) des perplexités, à conserver la trace d'une méditation (la chasse, et non la prise). Par là (hétérogénéité absolue : "tout argument m'est egallement fertille", et importance décisive du présent de la pensée) elle s'apparenterait bien davantage à une tradition que Montaigne ne pouvait pas connaitre et qu'il a pourtant "inventée", celle des "koans" de la discipline chinoise, puis zen, Rintzaï (Lin Tsi). C'est qu'une parole solitaire a toutes chances de rester sourde à elle-même si elle ne rencontre pas d'écho, de réponse ou de reproche. Au contraire : "Les contradictions donc des jugemens ne m'offencent ny m'alterent : elles m'esveillent seulement et m'exercent (...) Je souffrirois estre rudement heurté par mes amis : Tu es un sot, tu resves. J'ayme, entre les gallans hommes, qu'on s'exprime courageusement, que les mots aillent où va la pensée" (924, et toute la page serait à relire). Le "tu" représente bien la contradiction que m'oppose un "gallant homme" pour me rappeler à moi. Car, dit Montaigne, si je "grossis et enfle mon subject", "je le fais en condition pourtant, qu'au premier qui me rameine et qui me demande la verité nue et crue, je quitte soudain mon effort et la luy donne, sans exaggeration, sans emphase et sans remplissage" (III, XI, 1028). Hélas, une telle situation se rencontre rarement, "il est malaisé d'y attirer les hommes de mon temps : ils n'ont pas le courage de corriger, parce qu'ils n'ont pas le courage de souffrir à l'estre" (III, VIII, 924). Aussi, en l'absence d'un *autre* qui me corrige, faut-il inventer tout un appareil d'écriture qui en tienne lieu, celui-là même que je viens d'essayer de décrire, et dont on saisit mieux la dimension paradoxale : dispositif de parole propre à rendre présent un ami absent, parce que seule cette présence peut réveiller la pensée.

Il s'agit bien sûr d'Etienne de La Boétie. On a tant parlé déjà de cette amitié passée en proverbe qu'il vient un scrupule à aborder de nouveau la question. Je me limiterai à évoquer quelques traits peu mentionnés. Le premier : si le paysage que je viens de dessiner est exact, alors la disparition d'un ami sans complaisance, d'une rude exigence, est une perte irréparable, non pour l'affection seulement, mais pour l'exercice même de la pensée, dont nous venons de mesurer la fragilité, la précarité. On se souvient du constat désabusé au chapitre "De la vanité" : "C'est une rare fortune, mais de soulagement inestimable, d'avoir un honneste homme, d'entendement ferme et de meurs conformes aux vostres, qui ayme à vous suyvre. J'en ay eu faute extreme en tous mes voyages... Nul plaisir n'a goust pour moy sans communication. Il ne me vient pas seulement une gaillarde pensée en l'ame qu'il ne me fâche de l'avoir produite seul, et n'ayant à qui l'offrir" (III, IX, 986). On se souvient que lors de son voyage en Italie, Montaigne soudain se trouva frappé d'immobilité et de douleur au souvenir brusquement ressurgi de son ami disparu. Quelques années plus tard, il écrit : "Un sage ne voit guiere moins son amy mourant, au bout de vint et cinq ans qu'au premier an" (III, IV, 836. La Boétie est mort en 1563). Ce n'est pas ici le lieu de commenter la très extraordinaire lettre de Montaigne à son père, où il raconte la mort d'Etienne de La Boétie, mais il faudrait le faire. Peu de textes lui sont comparables, en intensité et en puissance de pensée : l'*Apologie de Socrate, Mort de Groethuysen à Luxembourg, Sur une colonne absente*, et Platon, comme Paulhan ou Lefort, lient l'exercice de la pensée à une pratique du dialogue, de l'échange – aussi "agonistique" qu'on voudra, "pourveu qu'on n'y procede d'une troigne trop imperieuse et magistrale", III, VIII, 924).

S'il est probable, comme l'ont justement marqué M. Butor et J. Starobinski, que les *Essais* furent d'abord conçus comme un "monument" (mémorial) pour La Boétie, s'il est indéniable que ce souvenir hante Montaigne sans cesse ("Des vivans mesme, je sens qu'on parle tousjours autrement qu'ils ne sont. Et si à toute force je n'eusse maintenu un amy que j'ay perdu, on me l'eust dechiré en mille contraires visages" III, IX, 983), ce n'est pas pourtant un pieux souci qui anime Montaigne, comme les veuves qui vont fleurir les tombes et intentent des procès contre ceux qui menacent de ternir l'image de leur cher défunt. Ici, égoïstement, le deuil impossible désigne la place vide, et restée vide, dont Montaigne a gardé la souffrance, et dont sa pensée maintient la nécessité comme la condition même de sa possibilité. C'est ainsi que l'exercice de la réflexion est conjoint à la mort.

Définie par sa proximité à la mort, la pensée peut l'être aussi d'un terme un peu galvaudé : l'amitié. On se rappelle que le *Discours de la servitude volontaire* s'achève par un vibrant et splendide éloge de l'amitié, qui ne se met jamais qu'entre gens de bien, qui constitue par excellence la vertu démocratique et la force de résistance à la tyrannie ("Je hay toute tyrannie, et la parliere et l'effectuelle" dit Montaigne). Et l'on comprend bien pourquoi, à relire l'"Art de conférer" : elle définit un lien d'exigence et de respect à la fois, une situation de parole qui exclut toute emprise, tout empiètement, et se prête ainsi de façon privilégiée à la recherche de la vérité.

Rappelons la formule remarquable : “En verité le mentir est un maudit vice. Nous ne sommes hommes, et ne nous tenons les uns aux autres que par la parole” (I, IX, 36, b).

CHAPITRE 3

À L'AMI : LE DEUIL ET LA PENSÉE

Il n'y a pas d'expédient auquel un homme ne soit prêt
à recourir pour s'épargner un vrai labeur de la pensée.
Sir Joshua Reynolds

L'attention est un effort, le plus grand de tous les
efforts peut-être, mais c'est un effort négatif.
Simone Weil, Attente de Dieu.

J'ai connu les deux phrases grâce à Pierre Pachet, *La force de dormir*.
Gallimard

L'horreur des guerres civiles, l'emportement fanatique des affrontements confessionnels, l'absurdité criminelle de dissensions qui séparent les membres mêmes d'une famille, telle est la situation insoutenable devant laquelle se trouve Montaigne lorsque il décide de se mettre à l'écart des affaires. Cette situation impose une urgence, celle de la réflexion : ne pas penser clairement revient à accepter les partis pris partisans, autrement dit à se faire le complice au moins passif des atrocités et des injustices. Se laisser aller à la non-pensée, c'est participer soi-même à l'injustice du temps.

Mais cette urgence une fois ressentie, les choses n'en sont pas plus faciles pour autant, et, s'est-on décidé à réfléchir, on n'en est guère plus avancé ; car on se retrouve devant un paysage où l'obstination, la présomption et l'affirmation des certitudes occupent l'espace social, jusque dans les lieux du pouvoir, aussi bien temporel que spirituel. Et il n'est pas facile de se dégager de cette pression collective, ni d'échapper aux valeurs de ceux avec lesquels on vit. D'autant qu'on se retient vite de croire avoir raison dès lors qu'on a rencontré la difficulté extrême de partager la vérité et l'erreur. "La vérité et le mensonge ont leur visages conformes, le port, le goust et les alleures pareilles : nous les regardons de mesme œil" (III, XI, 1027). Alors, comment s'y prendre pour démêler le faux du vrai, le coutumier du naturel, le réel de l'imaginaire ? Comment rejoindre une pensée qui ne soit pas entièrement soumise à l'imaginaire ? Nous ne disposons d'aucun repère, d'aucun point d'appui. Nous voici agités sans cesse de "pensées" diverses voire contradictoires, notre esprit s'emporte pour un rien : "Comment cause ? Il n'en faut point pour agiter nostre ame : une resverie sans corps et sans suject la regente et l'agite. Que je me jette à faire des chasteaux en Espaigne, mon imagination m'y forge des commoditez et des plaisirs desquels mon âme est reellement chatouillée et resjouye" (III, IV, 839). Sur ce thème, on pourrait rassembler tout un florilège moqueur, voire sarcastique : l'enflure de notre présomption, présomption de savoir surtout, mérite sans doute qu'on accumule les formules piquantes ("Mais quoy, nous sommes par tout vent. Et le vent encore, plus sagement que nous, s'ayme à bruire, à s'agiter, et se contente de ses propres offices..." III, XII, 1107).

Soit. Mais nous n'en sommes toujours pas plus avancés pour autant. Car il y a autant d'excès à attaquer la présomption humaine, la pente à la croyance, qu'à partager la vanité commune. Croire et ne pas accepter de croire sont deux visages d'un même vice, que parfois Montaigne nomme "obstination", et aussi, précisément, "opiniastreté" (III, VIII, 923), où s'entend un écho du mot "opinion".

Il s'agit en somme de trouver la bonne distance, la juste mesure par rapport à nos "pensées", ni trop près ni trop loin, ni dans la croyance aveugle ni dans la défiance radicale. Cela n'a rien de commode, au contraire des attitudes ou sectaires ou sceptiques, pour lesquelles le siège est fait, fût-il aussi inconfortable en apparence que les fameuses pointes élevées de la philosophie sur lesquelles nul ne se peut asseoir. Et pourtant cette quête semble bien la seule qui peut nous faire rencontrer la "réalité" telle qu'elle est, ce qui est en effet la seule voie pour échapper à l'emportement de l'imagination, de la croyance. En d'autres termes, pour rejoindre enfin, à travers l'énorme sédimentation des réactions spontanées, des images acquises, des "pensées" inculquées, des croyances partagées (c'est-à-dire des cécités inaperçues), de rejoindre un jour une timide adéquation aux choses dont la coutume nous sépare. "Ce qu'on nous dict de ceux du Brésil, qu'ils ne mouroyent que de vieillesse, et qu'on attribue à la serenité et tranquillité de leur air, je l'attribue plustost à la tranquillité et serenité de leur ame, deschargée de toute passion et pensée et occupation tendue ou desplaisante, comme gents qui passoyent leur vie en une admirable simplicité et ignorance, sans lettres, sans roy, sans religion quelconque" (II, XII, 491, c).

Or une question apparaît aussitôt : comment se fait-il que nous soyons aussi constamment enclins à nous leurrer ainsi ? quelle pente, apparemment irréversible, nous entraîne donc vers des mirages qui nous fascinent ? sommes-nous donc voués à l'erreur, et pourquoi ? Et puisque nous ne nous apercevons même pas de ce mouvement de croyance qui nous emporte, comment devenir en quelque sorte étrangers à nous-mêmes pour pouvoir "séparer la peau de la chemise", ou à tout le moins éprouver (ressentir) l'emprise qui s'exerce sur nous ? l'emprise que notre somnambulisme quotidien exerce sur la vivacité de notre esprit ?

A la première question, la réponse vient somme toute assez vite, elle a un nom en tout cas : *la raison*. Le terme paraît si sûr, si hors d'atteinte, qu'on hésite d'abord à le mettre en doute. Et pourtant il suffit de parcourir même rapidement ce qui a été mis sous ce terme pour mesurer combien de notions contradictoires s'y trouvent rassemblées, réunies — c'est-à-dire assimilées, identifiées. Ce qui est raison aux uns paraît folie aux autres, la tradition chrétienne en a fait la démonstration dès Saint Paul (repris avec toute la force que l'on sait dans l'*Eloge de la folie*, au chapitre LXIII en particulier, qui développe I Cor., I, 18-20). Cela signifie que l'acception reçue, avec son caractère d'évidence partagée, ne convient pas : *la* raison n'a pas cette unité qui lui donnerait pouvoir de décider pour tous du vrai et du faux, elle n'a pas cette *universalité* qui en ferait la règle commune en quoi les hommes — tous les hommes — pourraient se fier pour s'accorder entre eux. Preuve : les guerres civiles. Si bien qu'après une quête minutieuse et obstinée (au moins huit ans de réflexion solitaire et continue) Montaigne arrive à ce constat décourageant : "J'appelle tousjours raison cette apparence de discours que chacun forge en soy : cette raison de la condition de laquelle il y en peut avoir cent contraires autour d'un mesme subject, c'est un instrument de plomb et de cire, alongeable, ployable et accommodable à tout biais et à toutes mesures..." (II, XII, 565).

C'est dire que la raison est un discours, un agencement de mots selon une grammaire qui lui donne entre eux une liaison dont tout nous fait croire qu'elle est naturelle sinon nécessaire.

"La robe de Cæsar troubla toute Romme, ce que sa mort n'avoit pas faict. Le son mesmes des noms, qui nous tintouïne aux oreilles : Mon pauvre maistre ! ou, Mon grand amy ! Hélas ! mon cher pere ! ou, Ma bonne fille ! quand ces redites me pinsent et que j'y regarde de pres, je trouve que c'est une plainte grammairiene et voyelle. Le mot et le ton me blessent" (III, IV, 837). En sorte qu'au lieu d'un couple "raison/folie", nous voici devant un autre, plus conforme à ce qui se passe réellement, et sans jugement de valeur, "articulé/non articulé", pour essayer d'approcher ce qui caractérise l'homme. La raison se trouve, à la réflexion, privée de ce qui dans l'imagination faisait son prix et sa valeur — à savoir son caractère d'évidence partageable par tous —, et renvoyée à ce qu'elle est : une "apparence de discours", soit un enchaînement de notions qui de proche en proche font système, et persuadent de leur vérité par leur capacité à se montrer compatibles entre elles.

Mais rien d'autre. Et surtout pas par une capacité à rejoindre la réalité.

Il faut à la cohérence du discours une bien étrange puissance pour parvenir à nous convaincre que s'y dit une vérité du monde, pour nous donner aussi fortement le sentiment d'une consistance acceptable, aussi acceptable que la sagesse des nations et l'univers des proverbes, aussi convaincante que le tissu apparemment homogène du monde de tous les jours. Sans doute cette puissance vient-elle de ce que l'ordre du discours nous apaise, justement parce qu'il est intelligible, c'est-à-dire énonçable en termes positifs (assertions ou affirmations) ; au lieu que nous redoutons les questions sans réponses, ou, bien pire, l'incertitude des questions mêmes. Le discours vient ainsi combler deux sortes d'énigmes : la diversité d'un être (si grande qu'elle fait douter qu'ils appartiennent à la même espèce — on ne se rappelle pas sans une sorte de malaise ou de désarroi, que Montaigne approuve Plutarque de voir moins de distance d'un homme à un animal que d'un homme à un autre — I, XLII, 258), et la diversité qui me sépare de moi-même dans le temps de mon existence ("Moy à cette heure et moy tantost sommes bien deux ; mais quand meilleur, je n'en puis rien dire" — III, IX, 964). Soit la possibilité même de désigner l'identité d'un être, c'est-à-dire la validité de la nomination comme telle.

Cette cohérence à laquelle nous acquiesçons (avec soulagement) obéit à des principes logiques tout à fait déterminés : principe de contradiction (A et non-A ne peuvent coexister dans le même espace), principe de complétude (si A est a, alors tous les A le sont également), principe de consistance (si A est A, A est toujours A). On voit trop bien que ces principes, apparemment nécessaires pour la pensée, se heurtent à une incertitude de la réalité, à une *résistance*. Le réel n'obéit pas aux principes qu'impose une formulation langagière. Jusqu'aux hommes eux-mêmes, pourtant si canonique exemple dans la logique traditionnelle par leur appartenance à une espèce commune dite humaine, et dont Montaigne dit : "Je croy des hommes plus mal aiséement la constance que tout autre chose, et rien plus aiséement que l'inconstance" (II, I, 332, b). Si donc on persiste à les maintenir, ces principes, ce n'est pas en considération de la réalité, mais pour lutter contre une inquiétude devant l'incertitude, en d'autres termes pour maintenir une croyance. C'est-à-dire ce qui constitue pour nous, dans l'ordinaire des cas, la pensée — pas même la pensée d'ailleurs, mais la perception — du monde tel qu'il nous paraît. Nous le voyons "monde" et pourtant ce n'est rien d'autre qu'une "pensée", une construction mentale. Nous ne pouvons sortir hors de nous pour voir "quel il y fait", tout ce qui nous vient ne nous vient que d'une perception humaine, d'un esprit humain. Le croire venu d'un fondement moins incertain, comme il nous arrive sans cesse, s'appelle "presomption". "La presomption est notre maladie naturelle et originelle. La plus calamiteuse et fraile de toutes les creatures, c'est l'homme, et quant et quant la plus orgueilleuse" (II, XII, 452). La plus "fraile" parce que la plus orgueilleuse. Il faut dissiper une ambiguïté sur ce terme de présomption : il a reçu une nuance morale qui a même tout envahi. Mais avant tout, il a seulement (et c'est déjà bien assez) désigné un *jugement arrêté avant examen*. En d'autres termes, cette assertion que, par une impatience bien commune, nous proférons en la supposant cohérente, universelle et durable ; la transformant du même coup en affirmation ; en lui donnant du même mouvement une valeur de vérité.

Or comment se produit cet étrange glissement par lequel nous en venons à voir ce que nous souhaitons voir, et dénions à la réalité sa forme ? Comment recouvrons-nous le spectacle incompréhensible du monde avec un schéma imaginaire qui nous le rend interprétable, intelligible ? Quel biais la pente naturelle de notre esprit emprunte-t-elle pour nous faire adhérer à quelque chose que pourtant nous voyons bien (quelque organe en nous voit bien) ne pas être parfaitement conforme à la réalité ? Car, c'est là le nœud du paradoxe (et l'énigme de la croyance) que nous savons de toute évidence quelque chose du monde, que nous faisons partie du monde et formons avec lui une communauté sensible, et que pourtant nous le dénions et le transformons selon notre langage. Et nous ne pouvons agir (sentir) autrement — car "nous ne sommes hommes et ne nous tenons les uns aux autres que par la parole" (I, IX, 36), nous sommes pris dans nos mots. Ainsi rencontrons-nous des événements étrangers, étranges, des actions que nous appelons des prodiges, des êtres que nous appelons des monstres, et qui en effet le sont selon les normes de notre savoir et de notre raison. Et pourtant ils ne "le sont pas à Dieu, qui voit en l'immensité de son ouvrage l'infinité des formes qu'il y a comprinses ; et est à croire que cette figure qui nous estonne, se rapporte et tient à quelque autre figure de mesme genre inconnu à l'homme" (nous ne connaissons que quelques pièces d'un puzzle immense, et sommes incapables de reconnaître non seulement la position mais encore la forme des pièces que nos yeux ont pourtant devant eux) "Nous appelons contre nature ce qui advient contre la coutume : rien n'est que selon elle, quel qu'il soit. Que cette raison universelle et naturelle chasse de nous l'erreur et l'estonnement que la nouvelleté nous apporte" (II, XXX, 713).

Ce qui constitue les monstres fait aussi les miracles. Et le mot importe ici, comme on pense, il ne doit pas être pris à la légère, il désigne bien ce que nous ne nous expliquons que par l'intervention de Dieu dans le monde. Cela implique donc une réflexion sur ce qu'enseigne l'Église en ces matières, avec tous les risques (mortels) que cela comporte. Car cette façon d'envisager les prodiges d'abord, les miracles ensuite, entraîne un risque capital ; et Montaigne ne recule aucunement : "les miracles sont selon l'ignorance en quoy nous sommes de la nature, non selon l'estre de la nature" (I, XXIII, 112, c) — il faudrait relire toute la page qui suit ; elle ne cherche pas à affronter une doctrine, mais seulement à placer des frontières "rationnelles", à délimiter des enjeux plausibles, que soit dit miracle autre chose que le résultat pur et simple d'une ignorance. Voilà le mot-clé prononcé, autour duquel va s'organiser tout le mouvement de la croyance : ignorance. Car la croyance n'est rien d'autre qu'une ignorance méconnue ou déniée (selon la belle formule "je sais bien mais quand même"). Penser, ce n'est rien d'autre qu'interroger cette croyance pour y reconnaître une ignorance.

Cela semble peu, et pourtant rien n'est plus difficile. Tout nous empêche (ou plutôt nous détourne) de ce mouvement. "Il s'engendre beaucoup d'abus au monde (c) ou, pour le dire plus hardiment, tous les abus du monde s'engendrent (b) de ce qu'on nous apprend à craindre de faire profession de nostre ignorance, (c) et que nous sommes tenus d'accepter tout ce que nous ne pouvons refuter. (b) Nous parlons de toutes choses par precepte et resolution" (III, XI, 1030). Et, un peu plus loin : "Qui veut guerir de l'ignorance, il faut la confesser" (*ibid.*).

Soit. Mais la question demeure ouverte, sans cesse, et il faut sans cesse la reprendre ; car rien n'est si constant en nous que cette pente par laquelle nous substituons une affirmation à une incertitude. Comment donc faire, en nous, l'épreuve de la croyance ? Comment nous écarter de nous-mêmes ? Car "ce que je tiens aujourd'huy et ce que je croy, je le tiens et le croy de toute ma croyance ; tous mes utils et tous mes ressorts empoignent cette opinion et m'en repondent sur tout ce qu'ils peuvent. Je ne sçaurois embrasser aucune verité ny conserver avec plus de force que je fay cette cy. J'y suis tout entier, j'y suis voyrement ; mais ne m'est-il pas advenu, non une fois, mais cent, mais mille, et tous les jours, d'avoir embrassé quelqu'autre chose à tout ces mesmes instrumens, en cette mesme condition, que depuis j'aye jugée fauce ? Au moins faut-il devenir sage à ses propres despans. Si je me suis trouvé souvent trahy sous cette couleur, si ma touche se trouve ordinairement fauce, et ma balance inegale et injuste, quelle asseurance en puis-je prendre à cette fois plus qu'aux autres ? (II, XII, 563). Comment donc m'écarter de cette sorte d'évidence qui me fait *croire* vrai ce qui, plus tard, m'apparaîtra illusion ? Il y a là une question que toute la philosophie occidentale s'est posée, et Descartes, et surtout peut-être Spinoza y ont longuement réfléchi — voir *Ethique*, livres III et IV. On pressent bien que la question, de reste, n'est pas qu'intellectuelle, mais avant tout existentielle. Il s'agit d'une épreuve de la vie ; de notre rapport aux choses et au monde.

Pour résister à ce glissement, il nous faut reconnaître plus précisément comment il s'opère. La "raison" (évoquée plus haut) peut s'interpréter aussi dans un sens plus précis, celui de "motif", "cause". On remarque en effet que dès le moment où nous parlons pour décrire ce que nous voyons, ou raconter ce qui se passe devant nous, nous obéissons (sans même nous en rendre compte) à l'adage scolastique "*postea ergo propter*", nous transformons spontanément la chronologie en causalité (ou la succession en conséquence). "Je vois ordinairement que les hommes, aux faicts qu'on leur propose, s'amusent plus volontiers à en cercher la raison qu'à en cercher la verité : ils laissent là les choses et s'amusent à traiter les causes. [...] Ils passent par dessus les effects, mais ils en examinent curieusement les consequences. Ils commencent ordinairement ainsi ; Comment est-ce que cela se faict ? — Mais se fait-il ? faudroit il dire" (III, XI, 1026-1027). "Effects" a le sens de "fait constant, fait accompli et constaté". Au moins Montaigne le voit-il chez les autres, ce qui laisse penser qu'au moins il s'efforce de ne pas céder lui-même à la tentation commune. Or, ce faisant, il rencontre aussitôt un obstacle premier. "Je trouve quasi par tout qu'il faudroit dire : Il n'en est rien ; et employerois souvant cette responce ; mais je n'ose, car ils crient que c'est une deffaicte produicte de foiblesse d'esprit et d'ignorance. Et me faut ordinairement bateler par compaignie à traicter des subjects et comptes frivoles, que je mescrois entierement. Joinct qu'à la verité il est un peu rude et quereleux de nier tout sec une proposition de faict" (1027). C'est donc du mouvement même du langage qu'il faut apprendre à se défier, de la pesanteur (gravité ou inertie) qui, contre toute défense, enchaîne un terme à un autre, qui fait lien et, sans que nous nous en apercevions, nous ligote comme ces singes "horribles en grandeur et en force" qui se prennent eux-mêmes dans les pièges qu'on leur offre à voir (III, V, 875, c). "Ainsi mettoit imprudemment à mal ces pauvres bestes leur complexion singeresse. Ils s'engluoient, enchevestroyent et garrotoyent d'elles mesmes" (876). Ainsi faisons-nous bien.

Le plus inquiétant sans doute est la facilité avec laquelle, de notre propre élan, nous nous disposons à l'affirmation, nous nous hâtons à la certitude. Ma dernière formule demande commentaire : ce que je dis quand je commence à parler, quand je prends la parole pour la première fois en un lieu devant des inconnus, c'est une aventure, je me risque (au sens de "je m'expose", je ne peux cacher combien je suis fragile, vulnérable, dès lors que c'est moi qui parle, et non une autorité). Or ce risque, apparemment, est aussi insupportable, intolérable que l'absence de sens (que nous avons évoquée plus haut). Aussi se passe-t-il une alchimie étrange, et qui tient à la nature grammaticale de toute assertion. Le présent de l'indicatif est tel, dans notre langue, que sitôt prononcée une phrase, la plus hésitante, la moins certaine, la moins péremptoire qui se puisse, elle se trouve lestée d'un poids (d'une pesanteur) d'affirmation, de certitude ; tout à coup au lieu d'un constat, c'est une "vérité". Rien d'extérieur ne nous force, ni l'Inquisition, ni l'autorité royale (dont on se souvient qu'elle ne touche pas un gentilhomme français deux fois dans sa vie), ni même la considération du bien public, de la paix civile ; et pourtant, libres de notre pensée en quelque sorte, voici que l'enchaînement des mots nous submerge et nous entraîne au-delà de nous-mêmes, et nous absente de ce qui serait une pensée. Une pensée véritable. Nous éloigne de ce qui serait, avec exigence, une véritable pensée en travail. C'est inquiétant, et bien davantage, c'est énigmatique. Montaigne s'en étonne, il se surprend lui-même : "Moy-mesme, qui faicts singuliere conscience de mentir et qui ne me soucie guiere de donner creance et authorité à ce que je dis, m'apperçoy toutesfois, aux propos que j'ay en main, qu'estant eschauffé (c) ou par la resistance d'un autre ou par *la propre chaleur de la narration*, [c'est moi qui souligne] (b) je grossis et enfle mon subject par vois, mouvemens, vigueur et force de parolles, et encore par extention et amplification, non sans interest de la verité nayfve" (III, XI, 1028). Cet aveu est tout à fait essentiel, il désigne la façon dont commence la croyance, son origine pratique, sa naissance matérielle.

Et il est tout à fait éclairant que cette réflexion trouve sa formulation dans un chapitre consacré surtout à la sorcellerie (matière de croyance s'il en fut jamais) et dont on se rappelle qu'il se clôt par un examen malicieux des mystères de la jouissance sexuelle, domaine où, selon les bons auteurs, la croyance est souveraine, tant dans le sens du plaisir que dans les cas inconfortables d'impuissance masculine. C'est même d'où l'essai tire son titre. Je dis "malicieux", mais il vaudrait mieux dire "humoristique", car là encore, Montaigne se surprend lui-même en flagrant délit de fausse pensée, et note : "Ces exemples servent-ils pas à ce que je disois au commencement : que nos raisons anticipent souvent l'effect, et ont l'estendue de leur jurisdiction si infinie, qu'elles jugent et s'exercent en l'inanité mesme et au non estre ? " (1034), remarque où l'on voit que, contrairement au passage que je citais tout à l'heure ("je vois ordinairement que les hommes..."), Montaigne lui-même est cette fois inclus dans le nombre de ceux qui se trompent eux-mêmes ("nos raisons"), et de la façon la plus explicite : "... *par la seule authorité de l'usage ancien et publique de ce mot*, je me suis autresfois faict à croire avoir reçeu plus de plaisir d'une femme de ce qu'elle n'estoit pas droicte, et mis cela en recepte de ses graces" (1034). Mais, pour s'être ainsi surpris une fois, est-on garanti de se surprendre toujours. Rien n'est moins sûr, la croyance semble-t-il nous est en quelque sorte consubstantielle, nous ne pouvons pas plus nous en défaire que nous ne pouvons nous séparer de notre ombre, ni faire la lumière sur l'obscurité ; et il nous faut un appui extérieur à nous pour arriver à la voir pour ce qu'elle est.

Cet appui, Montaigne a eu la chance de le rencontrer un jour dans la personne de La Boétie. Quand je dis "dans la personne de...", il faut plutôt entendre "dans la parole de...", c'est là le point fondamental. Reprenons après tant d'autres cette amitié proverbiale, et, il faut bien l'avouer, énigmatique tant par sa nature exacte que par sa force extraordinaire. Cette relation s'est nouée en dehors du sentiment, à l'écart de l'affectivité en quelque sorte, et par la réflexion d'abord puisque, comme on sait, c'est la lecture du *Discours de la servitude volontaire* qui a éveillé en Montaigne le désir de connaître La Boétie. Cela peut paraître à première vue assez étrange et même un peu "littéraire", pris dans la grande tradition des âmes à la mode antique. Et pourtant à relire ce *Discours*, on comprend mieux que cela ne soit pas seulement un motif conventionnel. On a souligné déjà fort nettement (et Claude Lefort en particulier) l'effet extraordinaire qu'a régulièrement produit la véhémence passionnée de ce texte, ou plutôt de cette parole, tant le lecteur s'y trouve constamment pris à partie, rabroué, insulté, exhorté par un "je" impérieux, tour à tour railleur, grave ou violent. Cette violence, on peut en donner un exemple :

> Pauvres et misérables peuples insensés, nations opiniâtres en votre mal et aveugles en votre bien, vous vous laissez emporter devant vous le plus beau et le plus clair de votre revenu, piller vos champs, voler vos maisons et les dépouiller des meubles anciens et paternels ! [...]
>
> [...] Celui qui vous maîtrise tant n'a que deux yeux, n'a que deux mains, n'a qu'un corps, et n'a autre chose que ce qu'a le moindre homme du grand et infini nombre de nos villes, sinon que l'avantage que vous lui faites pour vous détruire. D'où a-t-il pris tant d'yeux, dont il vous épie, si vous ne les lui baillez ? Comment a-t-il tant de mains pour vous frapper, s'il ne les prend de vous ? Les pieds dont il foule vos cités, d'où les a-t-il, s'ils ne sont des vôtres ? Comment a-t-il aucun pouvoir sur vous, que par vous ? Comment vous oserait-il courir sus, s'il n'avait intelligence avec vous ?
>
> (G. F. p. 138-139)

Le texte est bien connu, on pourrait même dire qu'il ne fait que développer un lieu commun de la littérature satirique, morale ou politique. Or sa force lui vient précisément de sa violence, violence de parole, qui désigne un scandale incompréhensible ;

La Boétie fustige ici non tant quelque faiblesse humaine devant le pouvoir, mais plutôt il s'indigne d'une méconnaissance, d'un aveuglement sur la nature même de la tyrannie, méconnaissance qui à elle seule suffit pour constituer la tyrannie même. Si bien que le topos traditionnel se voit soudain investi d'une nouveauté et d'une urgence qui lui restituent sa vérité. On pourrait dire que la violence est ici le signe d'une parole vraie, et cela nous place dans une logique qui n'a pas beaucoup à voir avec un contenu de la proposition (énoncé), mais qui prend en compte des données beaucoup plus complexes et moins discernables, à savoir la situation de parole que dessine le ton même d'une telle apostrophe. Ce *Discours* doit bien être entendu comme une interpellation, comme un "ouvrez les yeux, cela suffira ! ". La mise en scène de cette adresse n'a rien d'un ornement rhétorique, elle est si l'on peut dire consubstantielle au texte même, en ce qu'elle inclut nécessairement une réaction, sinon une réponse. Seul l'assentiment de l'autre peut sanctionner l'acte d'une telle profération. Il ne s'agit donc pas d'une argumentation destinée à établir rationnellement la vérité d'une proposition mais d'un assaut contre l'opacité d'un regard, un assaut qui vise à ébranler un aveuglement qui ne se sait pas aveugle. Et du pamphlet huguenot où furent pour la première fois publiées ces pages, le titre au moins était fidèle à ce qui en fait l'accent particulier : *Le Reveille matin des Français*.

Si j'évoque aussi longuement cet exorde du *Discours*, c'est parce qu'il a, à mon avis, pleinement atteint son but au moins sur une personne, Montaigne. Les indices ne manquent pas, j'en évoquerai un tout d'abord, qu'on pourrait appeler réponse en écho. Réponse qu'on pourrait tout aussi bien entendre comme une reprise pure et simple ; c'est au chapitre XLII du livre I

("De l'inequalité qui est entre nous"), dans un mouvement où l'opinion révérente que nous entretenons en nous devant les grandeurs publiques, et nommément la grandeur du Prince, se voit mise à nu et révélée comme croyance non fondée : "La subjection essentielle et effectuelle ne regarde d'entre nous que ceux qui s'y convient et qui ayment à s'honnorer et enrichir par tel service : car qui veut se tapir en son foyer, et sçait conduire sa maison sans querelle et sans procès, il est aussi libre que le Duc de Venise : (c) "*Paucos servitus, plures servitutem tenent*"." (266). Encore ne trouvons-nous ici qu'une continuation de l'argument dans sa formulation neutre, mise à plat. Mais toute la suite, inspirée du *Hiéron* de Xénophon, fait parler le tyran à la première personne, comme s'il nous prenait lui-même à témoin de l'absurdité tragique de sa position, comme s'il découvrait dans le moment même où il s'adresse à nous l'évidence malheureuse de sa situation en une révélation qui soudain, dans la succession rapide des questions, dissipe une illusion de grandeur et dévoile la misère. Certes l'accent n'est pas aussi véhément que dans le *Discours*, mais la situation de parole est analogue : il faut là aussi une réponse pour donner au développement son statut véritable, c'est-à-dire essentiellement dialogique, même si formellement nous pouvons avoir l'impression d'un monologue. Montaigne poursuit ainsi la tentative de La Boétie, non pour le thème seulement, mais aussi et surtout pour le ton.

Cela nous conduit à interroger le terme d'amitié en relation avec cette nouvelle figure de la vérité. Le *Discours de la servitude volontaire* s'achève sur un vibrant éloge de ce qui est donné comme la vertu politique par excellence, à savoir l'amitié : "L'amitié, c'est un nom sacré, c'est une chose sainte ;

elle ne se met jamais qu'entre gens de bien, et ne se prend que par mutuelle estime ; elle s'entretient non tant par bienfaits que par la bonne vie. Ce qui rend un ami assuré de l'autre, c'est la connaissance qu'il a de son intégrité : les répondants qu'il en a, c'est son bon naturel, la foi et la constance. Il ne peut y avoir d'amitié là où est la cruauté, là où est la déloyauté, là où est l'injustice" (GF, p. 168). Assurément, ici encore, on peut avoir la tentation de réduire le texte à un développement somme toute scolaire, à un topos à l'antique. Mais ce serait méconnaître la force de cette parole ("un nom sacré, une chose sainte") et l'effet qu'elle a produit sur Montaigne, puisque, si nous l'en croyons, il a été "retourné" (pour ne pas dire converti) pour le reste de sa vie. Il s'agit bien d'un éloge de la vertu en effet, non pas dans un sens abstrait, mais dans son efficacité pratique : seule l'amitié, établissant entre les amis une relation de stricte égalité, permet de lutter contre la tyrannie, et peut-être de s'en défaire. Autrement dit de se défaire de la fascination qu'exerce l'Un sur notre vie et notre pensée[1]. Par où l'on voit que l'amitié n'est pas seulement une vertu politique, mais surtout une vertu philosophique : elle touche au rapport à la vérité. En quoi précisément ? pour exister, l'amitié exige un espace de parole libre qu'on veille à préserver des empiètements du pouvoir quel qu'il soit. "Je hay toute sorte de tyrannie, et la parliere, et l'effectuelle" écrit Montaigne (III, VIII), et le mot "hay" est assez peu fréquent dans les *Essais* pour que sa violence nous alerte. C'est que les empiètements du pouvoir ne viennent pas seulement d'une force de coercition extérieure à nous, celle-là, on peut lui résister, ruser avec elle, on peut se "tapir en son

[1] Analogue développement, en écho, dans "De l'amitié" (I, XXVIII), bien sûr.

foyer". Il y a bien plus sournois, et difficile à combattre : la tyrannie qui s'exerce en nous-mêmes, tyrannie d'autant plus insidieuse que nous n'en avons pas conscience, puisqu'elle vient de ce que nous croyons ou désirons.

La longue épître latine que La Boétie a écrite pour Montaigne en montre un versant : abondant en réminiscences parfois littérales d'Horace, Juvénal, Martial ou Properce, elle évoque dans les termes les plus crus le désir sexuel et la vanité de la jouissance (voir la vigoureuse traduction qu'en a donnée P. Pachet), elle souligne la perte à laquelle ils exposent : santé (le thème est traditionnel), clairvoyance ("un fantôme vain, une image trompeuse"), et joie enfin. Au-delà d'une défiance traditionnelle à l'égard des femmes, la "Satyre latine" appelle à une reconnaissance de l'illusion que fait naître et entretient le lien sexuel et prononce un éloge de la vertu "qui sait bien reconnaître le vrai des apparences, sans le farder, sans recourir à l'urne aveugle où vote l'opinion vulgaire" (*L'amitié*, Point hors ligne, 1984, p. 335)[1]. Sur ce versant aussi, c'est la croyance qui exerce sa tyrannie pour faire obstacle à la pensée ; et là encore, le texte des *Essais* renvoie un écho littéral, comme une réponse, bien des années plus tard, adressée à celui qui a rédigé la "Satyre latine". C'est l'essai "Des Boyteux", justement dans la page qui évoque — enfin — la boiterie : "... on dict en Italie, en commun proverbe, que celuy-là ne cognoit pas Venus en sa parfaicte douceur qui n'a couché avec la boiteuse" (III, XI, 1033). S'il est en nous une énigme non susceptible de "vérité" positive, c'est bien celle de la jouissance sexuelle, dont nous

---

[1] Voici l'essai d'Annie Tarditz, "Montaigne et La Boétie, un pacte au-delà de l'image", qui propose des réflexions stimulantes en introduction à la traduction de Pierre Pachet.

avons à reconnaître qu'elle échappe au contôle de la pensée, et plus encore de la volonté. De cette énigme, nous tâchons de nous débarrasser par un discours cohérent (plus ou moins cohérent) et nous accueillons ou inventons au besoin une cause repérable. Les sonnets de La Boétie soulignent avec insistance ce que nous appelons aujourd'hui l'aliénation en ce qu'elle a d'essentiel :

> C'est faict, mon cœur, quittons la liberté...
> [...]
> Et veoy qu'encor il faut à ce grand roy (Amour)
> Quand il a tort, que la raison le serve.

Dans sa présentation à Madame de Grammont Montaigne décrit La Boétie comme "eschauffé d'une belle et noble ardeur" (I, XXIX, 196). C'est en effet de noble ardeur qu'il s'agit, du courage d'ouvrir les yeux, pour reconnaître au lieu même qui nous semble le plus intime (l'amour) le point où nous nous trouvons le plus dépossédés, le plus étrangers à nous-mêmes[1]. A la suite du passage que je citais plus haut, on voit Montaigne se livrer à un questionnement du proverbe, non tant dans sa "vérité" de proposition (là encore) que dans l'efficacité pratique de sa formule. Reprenant à son compte la phrase de La Boétie, il la fait en quelque sorte travailler en lui-même : "Outre la flexibilité de nostre invention à forger des raisons à toute sorte de songes, nostre imagination se trouve pareillement facile à recevoir des impressions de la fauceté par bien frivoles apparences. Car, par la seule authorité de l'usage ancien et publique de ce mot, je me suis autresfois faict à croire avoir

[1] A titre de contre-épreuve, on peut lire la manière dont Montaigne s'est "distrait" de la mort de son ami : "... je me fis, par art, amoureux, et par estude... L'amour me soulagea et retira du mal qui m'estoit causé par l'amitié" (635).

reçeu plus de plaisir d'une femme de ce qu'elle n'estoit pas droicte, et mis cela en recepte de ses graces" (1034). S'opère ainsi à l'intérieur même de l'opinion, de la croyance, une disjonction, un retour, qui ne peuvent venir que de ce que la phrase se formule en se souvenant de la critique de l'ami et qu'elle est en quelque sorte déposée au lieu de l'Autre.

Ce lieu de l'Autre, nul ne l'occupe en propre, mais c'est depuis lui que me fait retour un écho, écho de ce que j'ai énoncé et qu'il s'agit pour moi d'entendre. Il prend la figure d'un visage qui me rappelle l'exigence de mon mouvement vers la vérité. C'est ce visage que Montaigne a perdu à la mort de La Boétie, et qu'il a cherché à maintenir de toutes ses forces("Et si à toute force je n'eusse maintenu un amy que j'ay perdu, on me l'eust deschiré en mille contraires visages", III, IX, 983, fait bien sûr allusion à la publication protestante, mais aussi, sans doute, au visage même de l'ami). C'est ce lieu, je crois, qu'au moment même de mourir, La Boétie a évoqué dans la prière si énigmatique qu'il adresse à Montaigne : "Mon frere, mon frere, me refusez-vous doncques une place ?" (Lettre de Montaigne à son père, Pléiade, p. 1359). Et c'est de ce visage que peut nous parvenir la parole qui dévoile dans notre propre parole l'entraînement à "grossir" ou "enfler" notre sujet. Revenant sur lui-même, Montaigne note : "Mais je le fais en condition pourtant, qu'au premier qui me rameine et qui me demande la verité nue et crüe, je quitte soudain mon effort et la luy donne, sans exaggeration, sans emphase et remplissage" (III, XI, 1028), encore faut-il qu'il se trouve un "premier qui me rameine", et cela apparemment ne se rencontre pas souvent. Car il faut que le premier venu se mesure lui-même à la question de l'Autre, c'est-à-dire s'expose au risque que lui soit renvoyée sa propre complaisance à soi, sa propre méconnaissance. Sans un autre animé d'une analogue exigence et d'un semblable courage, il m'est possible d'oublier ce lieu de l'Autre d'où ma parole peut entendre sa vérité. Que cet autre ne se trouve pas souvent, Montaigne le regrette explicitement : "Toutefois il est certes malaisé d'y attirer les hommes de mon temps : ils n'ont pas le courage de corriger, par ce qu'ils n'ont pas le courage de souffrir à l'estre, et parlent tousjours avec dissimulation en presence les uns des autres" (III, VIII, 924). Il dessine ainsi le dispositif d'un dialogue idéal, "L'art de conférer", dispositif dans lequel il est tout à fait net que ni l'un ni l'autre des interlocuteurs ne détient la vérité : celle-ci se tient entre les deux, dans le mouvement même où s'échangent leurs paroles (voir notamment 924-928). La vérité ontologique est hors de notre atteinte, mais pas hors de notre poursuite : "Car nous sommes nais à quester la verité ; il appartient de la posseder à une plus grande puissance. [...] [elle est] eslevée en hauteur infinie en la cognoissance divine" (928). Mais ce mouvement ne peut se lancer si je suis seul, et Montaigne en constate l'impossibilité actuelle. Si, comme il dit, "La parole est à moitié à celuy qui parle, à moitié à celuy qui l'escoute" (III, XIII, 1088), il lui faut pour exister au moins un qui l'écoute, au sens fort du rapport à l'Autre. Montaigne éprouve le manque de cet autre singulier, qu'il a une fois rencontré et avec qui la question de l'Autre s'était, selon toutes apparences, posée[1].

---

[1] Que La Boétie ait été réellement animé de ce courage fait peu de doute, mais à la limite importe peu, puisque pour mettre en mouvement le travail de la pensée, la quête, il suffit que Montaigne l'ait perçu tel dans leur relation. On peut remarquer que la figure sous laquelle il décrit son ami le dispose à assumer ce rôle, et notamment dans un passage "De la phisionomie" où Montaigne reprend le thème classique de la laideur physique de Socrate,

Est-ce à dire que la disparition de La Boétie risque de condamner l'exercice même de la pensée, l'ouverture à la question de la vérité ? On pourrait le croire à lire tant de passages qui évoquent la misère de la solitude, appellent à la présence de l'ami, avouent une essentielle mélancolie et font état du travail douloureux d'un deuil impossible.

Deux brèves mentions, supprimées par la suite (d'une main douteuse, pour le moins) nous guident pour essayer de comprendre l'enjeu de ce travail. "... car, comme je sçay par une trop certaine experience, il n'est aucune si douce consolation en la perte de nos amis que celle que nous apporte la science de ne rien avoir oublié à leur dire et d'avoir eu avec eux une parfaite et entiere communication", lisons-nous (II, VIII, 396), et voici l'ajout qu'une main sans doute jalouse biffa : "O mon amy ! En vaux-je mieux d'en avoir le goust, ou si j'en vaux moins ? j'en vaux certes bien mieux. Son regret me

---

dont il dit avoir "despit qu'il eust rencontré un corps et un visage si vilain, comme ils disent, et disconvenable à la beauté de son ame (c) luy si amoureux et si affolé de la beauté" (III, XII, 1057) ; et il ajoute : "La laideur qui revestoit une ame tres-belle en La Boitie estoit de ce predicament". L'assimilation des deux figures ne saurait être trop soulignée.

Non plus que l'obstination à ne pas lâcher prise, à ne pas laisser retomber la question, dont on se rappelle que le prologue du *Gargantua* avec sa métaphore bien connue de l'os à moelle qu'il vaut mieux ne pas essayer de retirer au chien qui le ronge fait une caractéristique de l'effort philosophique.

La lettre de Montaigne à son père sur la mort de La Boétie pense évidemment au *Phédon* et à l'*Apologie de Socrate*.

Patrick Hochart me rappelle une lettre de Descartes à Beeckman (23 avril 1619), dans laquelle on peut lire : "Car vous êtes vraiment le seul à avoir secoué ma nonchalance ; seul vous avez rappelé mes connaissances déjà presque échappées de ma mémoire, et vous avez ramené [encore le même verbe] à de meilleures pensées mon esprit qui s'éloignait de toute occupation sérieuse" (*Œuvres philosophiques*, éd. F. Alquié, Garnier, tome I, p. 41). L'analogie est d'autant plus frappante qu'elle va, dans le cas de Descartes, être rompue par la désillusion, et même la colère qui ira en 1630 jusqu'à l'insulte.

console et m'honore. Est-ce pas un pieux et plaisant office de ma vie d'en faire à tout jamais les obseques ? Est-il jouissance qui vaille cette privation ?". Le rite de l'hommage funèbre accomplit un devoir de piété, "à tout jamais", certes, mais il est "plaisant" et qualifié de privation supérieure à toute jouissance possible : il commémore la "parfaite et entiere communication". Que reste-t-il en regard d'elle, puisque là s'est joué le lien essentiel par lequel Montaigne s'est trouvé noué à la vérité ? La seconde addition (III, IX, 983) ouvre une voie pour répondre : "... luy seul jouyssoit de ma vraie image, et l'emporta. C'est pourquoy je me deschiffre moy-mesme, si curieusement" ("Texte supprimé sans doute en considération de Mlle de Gournay, sa fille d'alliance", commente P. Villey, non sans une certaine imprudence interprétative). C'est tout le mouvement d'écriture qui se trouve ainsi ancré à une absence essentielle.

Il faut donc trouver désormais dans l'écriture — solitaire par excellence — des biais pour rendre présente cette absence de l'ami, pour donner place à l'Autre, c'est-à-dire permettre de débusquer l'adhésion à la croyance, à la complaisance à soi, et tenter ainsi de se défaire des pièges que j'évoquais en commençant (principes de contradiction, de complétude et de consistance).

J'ai essayé ailleurs de repérer quelques traits marquants d'une expression qui tente de ménager dans l'écriture même la possibilité de lutter contre ces illusions (voir plus haut, chap. 2). On peut en évoquer brièvement deux autres aspects : le "cours rompu", si caractéristique de l'allure qu'adopte le texte, et qu'on aurait tort d'attribuer à une sorte de versatilité soit caractérielle, soit dans l'air du temps (Montaigne baroque), puisqu'il s'agit avant tout d'éviter la tentation d'une cohérence et d'une consistance discursives qu'on pourrait prendre pour la vérité : "les devis pointus et coupez" (938) ont, outre le plaisir qu'ils donnent, une fonction diplomatique ; en détournant notre attention des "propositions-en-soi", ils offrent une possibilité de nous ramener à nous-mêmes : "En cette gaillardise nous pinçons parfois des cordes secrettes de nos imperfections, lesquelles, rassis, nous ne pouvons toucher sans offence" (939). Et l'on se souvient que c'est à cette "alleure poetique, à sauts et à gambades" (III, 9, 994) qu'on reconnaît la vraie parole philosophique — il faudrait relire toute la page.

Plus insignifiant encore, en apparence, le tour qui consiste à apparier deux termes presque homophones en une sorte de jeu verbal (advis, devis ; conscience, contenance ; matiere, maniere ; sapience insipide, insipience ; "saincte police" ; "feincte ceremonie" ; et tant d'autres). J'avais, me semble-t-il, autrefois méconnu ce qui pouvait se jouer dans ces effets (effets, essais) de rimes, et que je crois plus juste aujourd'hui d'entendre comme une parole joueuse, certes, mais surtout à l'écoute d'elle-même, attentive à son propre bruit, une parole attentive à se désengluer des significations (du Sens tout entier pris dans la visée discursive) pour entendre, si possible, l'opération des signifiants en travail. Or, dans l'ordre humain, c'est-à-dire des êtres affectés par la parole, il n'est pas de quête possible de la vérité sans un retour sur cette opération par laquelle un sujet se représente dans le langage, dans ses formes de parole, pour un autre sujet. Qu'il le sache ou non, qu'il le veuille ou non. Et c'est avec cette écoute, en dernier ressort, que peut s'exercer dans l'écriture, la quête de la vérité sans laquelle le lien entre les hommes perd sa raison d'être, et du coup l'homme même.

"Nostre intelligence se conduisant par la seule voye de la parolle, celuy qui la fausse trahit la societé publique. C'est le seul util par le moien duquel se communiquent nos volontez et nos pensées, c'est le truchement de nostre ame : s'il nous faut, nous ne nous tenons plus, nous ne nous entreconnoissons plus. S'il nous trompe, il rompt tout nostre commerce et dissoult toutes les liaisons de nostre police" (II, XVIII, 666-667).

CHAPITRE 4

LA QUESTION DE L'IDENTITÉ

A Laurent

"Il y a beaucoup de choses étonnantes. mais la plus étonnante de toutes, c'est l'homme "

Sophocle, *Antigone* (Choeur).

Que l'attitude de Montaigne soit intensément actuelle, l'atteste l'acuité toujours présente des interrogations auxquelles il eut un jour le courage et la force de se prêter. Un jour, ou pour dire mieux tout au long de son entreprise d'écrire son parcours singulier. Acuité et singularité si dérangeantes, si inconfortables que nous, ses lecteurs, sommes constamment enclins à les émousser, à les recouvrir, pour recomposer un portrait fixe, une oeuvre achevée, une "pensée" comme on dit. Il nous faut, à notre tour, du courage et de la force pour résister à la tentation de réduire le livre que nous lisons à une unité et une complétude rassurantes. Car unité et complétude sont en effet des tentations, et Montaigne les avait, comme chacun sans doute, éprouvées. Comme chacun de nous, car elles ont partie liée avec une pensée que nous ne pouvons guère manquer de former puisqu'elle concerne l'être humain que nous sommes et que nous essayons de nous représenter ; et nous sommes tentés, comme Montaigne, d'en élaborer un portrait, d'en formuler une définition. La fortune persistante de certaines citations atteste de notre désir de réponse – parmi lesquelles sans doute la plus citée (et souvent infléchie encore dans la formulation qu'on lui donne), "chaque homme porte la forme entière de l'humaine condition", perpétue opiniâtrement un malentendu capital que de nombreuses mises en garde (Brody, Croquette, Starobinski, Tournon entre autres) ne parviennent apparemment pas à dissiper. Il faut à ce malentendu une force étrange pour résister ainsi ; c'est sans doute qu'il touche en nous quelque chose d'essentiel, aussi essentiel que les trois dimensions pour notre représentation de l'espace, ou le passé-présent-futur pour notre représentation du temps, catégories que nous pouvons bien remettre en cause, mais non pas abolir ; pas plus, semble-t-il, que nous ne pouvons nous séparer de notre ombre ou faire la lumière sur l'obscurité. En d'autres termes, à lire les *Essais*, notre représentation de nous-mêmes (et même notre commerce intime avec nous-mêmes) court le risque de se trouver ébranlé. Car, à chercher à se représenter, à nommer ce que peut être l'être humain que nous sommes, nous rencontrons soudain, quoique peu à peu, une extrême difficulté : de réponses, nous ne manquons certes pas, au contraire, nous en avons trop, tellement que nous sommes submergés : plant céleste, animal politique, Dieu ou loup pour l'homme, créature à l'image du Créateur, et j'en passe, la moisson est trop riche, hétérogène et même contradictoire. Nous ne sommes certes pas les premiers à nous être posé la question, mais la variété des réponses formulaires a de quoi déconcerter. Parcourir la tradition morale, philosophique ou poétique nous fait constater des variations, des écarts ou même des contradictions insurmontables. Montaigne ne recule pas pour autant, il ne renonce pas – et cette obstination même pose question. Car il faut une étrange persévérance, une immense bonne volonté (pour ne pas dire une foi mystérieuse) pour entreprendre l'inventaire des formes connues pour se rapporter à l'homme – appelons provisoirement cela une curiosité sans limites. C'est aussi qu'il est vital d'en avoir le coeur net : les circonstances assènent tant de vérités indubitables au nom desquelles on professe de rendre la justice ou de dire la vérité de la foi, c'est-à-dire en dernier ressort de condamner à mort, qu'il est urgent d'examiner les titres dont on s'autorise pour légitimer tant de morts. Qu'en est-il donc de la supposée "nature humaine" ?

Cela est connu, et ne devrait pas surprendre les lecteurs des *Essais* : la "nature humaine" est une fiction que l'apprentissage de la tradition accrédite et perpétue avec bonne conscience. J'ai quelque scrupule à le rappeler, peut-être n'est-ce pas pourtant entièrement superflu. (Le terme "fiction" pouvant paraître agressif, on peut le remplacer par un autre, en apparence plus neutre : postulat). Fiction en effet, en ce que le terme suppose une essence, une unité et une constance. Or ce qu'un examen attentif, même rapide, amène à constater dément point par point une telle postulation : où que je porte mon regard, je ne rencontre que des façons d'être dépendant du lieu, du temps, des habitudes et des croyances ; à la place de la nature, je me trouve en présence de la coutume ; et non seulement la coutume est ce que je vois, mais encore elle est prise pour la nature même (voir par exemple II, XXX, 713, c). Il suffit d'un léger déplacement (voyage dans l'espace ou parcours dans le temps) pour faire immédiatement apparaître à quel point notre vue est essentiellement bornée par les horizons du monde que nous habitons, et en même temps la propension que nous avons à prendre pour le monde ce monde que nous voyons. L'essence comme telle nous est inaccessible, la connaître serait parvenir à sortir hors de nous-mêmes pour voir "quel il y fait", ce qui nous est impossible.

Que la "nature humaine" existe suppose également une identité, ou pour parler plus précisément une universalité des traits caractéristiques qui définiraient l'homme en tant que substance. Or ce à quoi la curiosité inlassable de Montaigne le conduit, c'est une variété, une diversité telles que la notion même de genre en devient suspecte. Après tout un nain et un géant, un noir et un blanc, un homme et une femme diffèrent assez pour qu'on mette en doute leur commune appartenance à une même espèce constituée mentalement selon des formes – des semblances. Il peut néanmoins subsister assez de traits communs pour qu'on regroupe les uns et les autres dans une même appartenance. Le doute surgit au moment où l'on entreprend de délimiter les frontières. Car à juger des semblances, on hésite, comme on hésite à identifier l'enfant monstrueux, le pâtre barbu mais sans organes sexuels apparents, que pourtant on a vus soi-même, et l'hésitation, de proche en proche, contamine l'ensemble de la classification des êtres, au point que deux poils ou deux grains peuvent, vus d'un certain lieu, apparaître plus dissemblables que ressemblants. Cette vacillation des semblances, que s'emploie à stabiliser l'ordre de la nomination et des classifications, a été accentuée encore par la découverte du nouveau monde, où, quoi qu'on en ait dit, c'est l'hétérogénéité qui a été à neuf rencontrée. Or si les frontières entre les espèces deviennent floues, c'est l'ordre tout entier de la représentation qui en est ébranlé, et on aboutit à une formule extraordinairement choquante sous la plume d'un "humaniste" (quelle que soit la révérence qu'on porte à Montaigne) : "A la verité... j'encherirois volontiers sur Plutarque ; et dirois qu'il y a plus de distance de tel à tel homme qu'il n'y a de tel homme à telle beste" (I, XLII, 258) (et l'édition posthume, comme prise d'effroi, supprime la suite en quoi Montaigne persiste : "c'est à dire que le plus excellent animal, est plus approchant de l'homme de la plus basse marche, que n'est cet homme d'un autre homme grand et excellent", redondance peut-être, mais aussi la précision est-elle vraiment inutile ?).

Il faudrait enfin, pour que nous puissions définir la "nature humaine" qu'elle fût constante. L'identité suppose qu'on puisse reconnaître un même sous des semblances diverses distantes dans le temps, ce "même" en quoi consisterait une entité atteignable. Or le temps qui s'écoule possède une telle puissance qu'il affecte non seulement des circonstances, qualités superfétatoires et accidentelles comme de "changer de vie", se convertir ou simplement vieillir, mais cela même que nous pouvions non sans naïveté penser se maintenir à travers les mutations des événements, savoir une essentielle qualité d'être, un "être homme", dont le contenu se perpétuerait d'âge en autre, comme dans l'exemplaire image d'Epinal qui illustre les différents âges de la vie, depuis la naissance jusqu'à la mort. En d'autres termes l'identité (la "mêmeté") d'un individu à travers les diverses mutations qui l'affectent, jusques et y compris sa décrépitude et sa disparition. Ici encore la quête de Montaigne l'amène à constater le caractère hétérogène des figures d'un supposé "même" au cours du temps : tout change, et nous changeons nous-mêmes si fort qu'il est douteux que nous subsistions – en tous cas certainement pas à l'identique, le temps nous fait irrémédiablement autres quel que soit notre désir de permanence, notre voeu d'identité. On s'en souvient, "Le monde n'est qu'une branloire perenne... La constance mesme n'est autre chose qu'un branle plus languissant" (III, II, 804-805). D'où suit, par une conclusion nécessaire, que "Moy à cette heure et moy tantost sommes bien deux" (III, IX, 964). En l'occurrence, le changement est double puisque il affecte l'observateur aussi bien que l'objet de son observation, considération qui suffit à elle seule à ruiner tout espoir de délimitation ou de définition d'une nature humaine. Et pourtant, la notion renaît sans cesse, en dépit de toutes les évidences, comme nous pouvons le voir chaque jour (dans notre propre vie aussi bien que dans les lectures de Montaigne), avec un entêtement étonnant, mieux, énigmatique.

Car il ne suffit pas, semble-t-il, d'envisager intellectuellement ces obstacles difficilement franchissables pour renoncer du même coup au désir d'une essence assignable, énonçable, d'une unité de l'espèce, d'une identité de l'individu. Il semble que nous tenions à cette fiction d'une façon pour ainsi dire constitutive. Au point que l'idée que nous nous formons de l'homme (en général), et de notre individualité (en particulier) fait partie intégrante de l'espace représentatif que nous habitons, qui nous constitue dans l'étrange réalité qui est la nôtre et qui nous demeure opaque en dépit de notre souhait de maîtrise et de clarté. Nous avons donc un premier mais décisif renoncement à accepter : si nous voulons en effet voir tel qu'il l'est l'homme que nous sommes, il nous faut abandonner l'idée d'homme en général ("Tous jugemens en gros sont lâches et imparfaicts" III, VIII, 943), et nous consacrer à l'examen de ce que nous vivons au jour le jour. En d'autres termes, passer d'une ontologie (essence) à une phénoménologie (circonstance) ; mais à le formuler ainsi on risque une nouvelle fois d'émousser la radicalité du propos. Disons plutôt : la "nature humaine" (pour autant qu'elle existe, ce qui n'est rien d'autre qu'une supposition), comme telle m'est inaccessible, ce que je peux en revanche étudier, c'est l'individu singulier et muable que je suis malgré tout. Et c'est même en cela que je peux non plus supposer mais concevoir une évidence partageable. Car, au-delà de la diversité des semblances et de l'inconstance des individus, il est un point peu contestable : que les hommes (tous), pris chacun dans son individualité propre ("un particulier bien mal formé"), sont soumis à cette constante mutation, et qu'ils sont (tous) affectés par la parole ("Nous ne sommes hommes, et ne nous tenons les uns aux autres que par la parole" I, IX, 36). L'essence de l'homme nous est inconnaissable, en revanche, si nous parvenons à renoncer à notre désir d'identité, nous pouvons éprouver (faire l'expérience de) sa "forme". La difficulté de l'entreprise tient essentiellement à ce que nous ne cessons de remplir cette forme d'un contenu énonçable, comme si en nous une formidable résistance ne cessait de refuser une incertitude de qui nous sommes, incertitude qui est pourtant notre sort commun, en peuplant cet espace d'images qui viennent donner consistance au "je" qui prend la parole et se risque. On dirait aujourd'hui le "Moi", construction imaginaire et composition d'identifications successives ("modèle", pour reprendre un terme aventuré par un pourtant clairvoyant commentateur. Or c'est justement de modèle qu'il convient maintenant de se défaire).

Si je me pose maintenant (si je parviens à me poser) la question : "qu'est-ce donc que l'individu singulier que je suis ? ", je ne vais pas tarder à rencontrer les mêmes obstacles (ou peu s'en faut) que je trouvais sur ma route au moment où je cherchais ce qui constituait la "nature humaine". Quand bien même il le souhaiterait, Montaigne se racontant, avec l'indiscrétion qu'on lui a souvent reprochée, ne fait pas pourtant un portrait, pas plus qu'il ne dresse une statue à planter à un carrefour. C'est même, si on y prête attention tout le contraire qu'on a sous les yeux :

"Il y a quelque apparence de faire jugement d'un homme par les plus communs traits de sa vie ; mais veu la naturelle instabilité de nos meurs et opinions, il m'a semblé souvent que les bons autheurs mesmes ont tort de s'opiniastrer à former de nous une constante et solide contexture.... Je croy des hommes plus mal aiséement la constance, que toute autre chose, et rien plus aiséement que l'inconstance" (II, I, 332, b).

Le constat cruel qu'il dresse, pièce à pièce, de lui-même fait éclater les images à quoi s'accroche d'ordinaire ce qu'on appelle la "peinture du moi". A y regarder de près, cela ne va pas sans une certaine insistance dépréciative, on l'a souvent relevé, sans d'ailleurs bien savoir comment la prendre (voir par exemple J. Brody, "Montaigne "se débine"" ... dans BSAM, 1988-89, p. 141-159). Je n'y vois pas seulement de la coquetterie ; il faudrait sans doute plus justement souligner le caractère privatif de cet inventaire, comme en témoigne une phrase que je crois symptomatique : "A mon arrivée, je me deschiffray fidelement et conscientieusement, tout tel que je me sens estre : sans memoire, sans vigilance, sans experience, et sans vigueur ; sans hayne aussi, sans ambition, sans avarice et sans violence ; à ce qu'ils fussent informez et instruicts de ce qu'ils avoyent à attendre de mon service" (III, X, 1005). Cette succession de termes rejetés dit assez, me semble-t-il, qu'on ne donne pas facilement de soi-même une définition positive.

Quel que soit son effort, Montaigne se trouve bien en peine de décrire positivement l'individu qu'il se sent pourtant être. Et même plus il s'y attache, plus son objet lui échappe ; ce qu'il rencontre est un être séparé de soi, insaisissable comme la nuance du jour, impossible à totaliser. La diversité universelle, le voici contraint par l'attention qu'il se porte à en reconnaître en lui-même l'effet et la travail. Le supposé "Moi" est changeant avec les humeurs, emporté au-delà de soi par la colère (II, XXXI, 720), le désir amoureux, la souffrance, par exemple la gravelle, le sommeil, l'attente du lendemain ou la décrépitude de la vieillesse. "Nous ne sommes, jamais chez nous, nous sommes tousjours au delà" (I, III, 15, b), écrit-il, étendant à la communauté humaine toute entière cette caractéristique de se suspendre à l'image d'un sujet ("la plus commune des humaines erreurs" *ibid.*). Car cette versatilité qui est notre condition ne nous empêche nullement de nous représenter pourtant comme des "sujets", et l'on pourrait même dire que cette représentation nous sépare radicalement de nous-mêmes : "Non seulement le vent des accidens me remue selon son inclination, mais en outre je me remue et trouble selon moy mesme par l'instabilité de ma posture ; et qui y regarde primement, ne se trouve guere deux fois en mesme estat" (Il, I, 335, b).

A cela s'ajoute encore l'empreinte des autres en nous, cette voix bruissante de savoirs divers et d'opinions communes ("pastissage de lieux communs") qui nous emplit d'une suffisance étrangère. C'est d'elle pourtant que nous faisons titre et parade, comme de ce qui compose de nous une image pour autrui ; au sens littéral, cette figure vit essentiellement d'emprunt (je ne développe pas ici, mais on peut se reporter à de nombreux et insistants passages). Par là encore nous nous trouvons séparés de nous et nous vivons dans la méconnaissance. Or cette méconnaissance, par la distorsion ou la disproportion qu'elle installe entre ce que nous nous représentons et la réalité, non seulement constitue une erreur intellectuelle, mais surtout engendre trouble et souffrance.

Ce n'est plus en termes de connaissance, mais d'existence que se trouve désormais posée la question de l'identité. Tout à la fois Montaigne dit se connaître bien, être le plus savant homme du monde, et n'avoir vu "monstre et miracle au monde plus expres que moy mesme. On s'apprivoise à toute estrangeté par l'usage et le temps ; mais plus je me hante et me connois, plus ma difformité m'estonne, moins je m'entens en moy" (III, XI, 1029, b). Ni la "nature humaine", ni la figure d'un sujet, mais une énigme sans cesse renaissante qui persiste à dire "je" et à l'écrire, en dépit de la diversité incontrôlable de ses manifestations.

"Je laisse aux artistes, et ne sçay s'ils en viennent à bout en chose si meslée, si menue et fortuite, de renger en bandes cette infinie diversité de visages, et arrester nostre inconstance et la mettre par ordre. Non seulement je trouve mal-aisé d'attacher nos actions les unes aux autres, mais chacune à part soy je trouve mal-aysé de la désigner proprement par quelque qualité principale, tant elle sont doubles et bigarrées à divers lustres" (III, XII, 1077).

L'entreprise consiste désormais à enregistrer aussi attentivement que possible ce qui se passe "chez moi" (expression fréquente, on le sait, et qui, semble-t-il, désigne l'individu-que-je-pense-être considéré comme un *lieu* où se produisent des événements qui échappent aux catégories constituées, où se manifestent des réactions sans cesse à ressaisir, un lieu ou si l'on préfère une scène). Car dans la dissolution générale des formes et la mutation incessante, quelque chose résiste et dure, dont on ne sait pas comment le rejoindre, ni même si on le peut. Les mots manquent pour désigner cette disposition secrète, obscure en tous cas, et peut-être inconnaissable en ce sens qu'elle renaît dans chaque nouveau moment, dans chaque nouvelle circonstance. Quelque chose est "incorporé en nous" si profondément que nous "n'ayons pas moyen de les (ce sont les conditions et propensions) sentir et reconnoistre. Et de telles inclinations naturelles, le corps en retient volontiers quelque pli sans nostre sçeu et consentement" (II, XVII, 633). En d'autres termes, quelque chose qui résiste à l'entreprise de penser et qui pourtant a barre sur nous, et nous dirige, à la façon dont la colère nous possède parfois : "Car nous remuons les autres armes, cette cy nous remue ; nostre main ne la guide pas, c'est elle qui guide-nostre main ; elle nous tient, nous ne la tenons pas" (II, XXXI, 720).

Par une extraordinaire acuité de pensée (mais cela s'appelle-t-il encore "pensée" ?), Montaigne met en doute non seulement la généralité de l'espèce humaine comme essence, ou l'identité subjective comme entité saisissable, mais encore la capacité de l'individu à se connaître. Le précepte delphique, fondement de toute philosophie : "Connais-toi toi-même", apparaît soudain dans son ironie radicale, car il désigne un impossible :

"Moy qui me vente d'embrasser si curieusement les commoditez de la vie, et si particulierement, n'y trouve, quand j'y regarde ainsi finement, à peu près que du vent. Mais quoy, nous sommes par tout vent. Et le vent encore, plus sagement que nous, s'ayme a bruire, à s'agiter, et se contente en ses propres offices, sans desirer la stabilité, la solidité, qualitez non siennes" (III, XIII, 1106-7)

"Et qui ne s'entend en soy, en quoy se peut-il entendre ? *Quasi vero mensuram ullius rei possit agere, qui sui nesciat.* Vrayement Protagoras nous en comtoit de belles, faisant l'homme la mesure de toutes choses, qui sceut jamais seulement la sienne. Si ce n'est luy, sa dignité ne permettra pas qu'autre creature ayt cet advantage. Or, luy estant en soy si contraire et l'un jugement en subvertissant l'autre sans cesse, cette favorable proposition n'estoit qu'une risée qui nous menoit à conclurre par necessité la neantise du compas et du compasseur" (II, XII, 557).

Se connaître signifie, en d'autres termes, reconnaître que nous ne le pouvons pas, et que cette impossibilité est notre lot. C'est une connaissance négative, probablement la plus difficile à concevoir et à accepter. Et pourtant il y a du profit à s'en accommoder, c'est le prix à payer pour voir ce qui est, avoir accès au réel (ou, pour l'exprimer plus crûment, ne pas confondre les hyperboliques braguettes et notre membre indocile, III, V, 859). Il faudrait ici souligner l'insistance de Montaigne à aller vers le bas, lieu où les constructions imaginaires ont le moins de part, et où la présomption, peut-être, ne règne pas en maître souverain : "La plus basse marche est la plus ferme. C'est le siege de la constance. Vous n'y avez besoin que de vous. Elle se fonde là, et appuye toute en soy" (II, XVII, 645). Et peut-être est-ce aussi ce qu'il faut entendre dans la phrase "je propose une vie basse et sans lustre". "Une illusion, c'est l'esprit qui pense dans son sens" dit Jean Paulhan.

Transcrire au jour le jour la circonstance et la réflexion apparaît alors comme un moyen pour enregistrer ce qu'on ne sait pas encore de soi ou plutôt, car ma formule peut prêter à malentendu, comme une voie qui permette d'explorer ce "monstre" que Montaigne se découvre être. Car dans l'écriture même se déploie une double temporalité : celle hâtive et pressée qui tente de rejoindre les instants successifs et ainsi de conjurer la perte continuelle à laquelle nous soumet l'écoulement inexorable du temps ("... je veux arrester la promptitude de sa fuite par la promptitude de ma sesie, et par la vigueur de l'usage compenser la hastiveté de son escoulement : à mesure que la possession de vivre est plus courte, il me la faut rendre plus profonde et plus pleine" (III, XIII, 1111-1112) ; et une temporalité seconde, qui double la première et enregistre l'écho de ce qui est d'abord venu à l'expression en tâchant de faire sortir ce qui était resté inaperçu, de faire résonner des mots en travail. Les exemples ne manquent pas, on pourrait dire que c'est là un des traits dominants du "style" des *Essais*. Je voudrais en évoquer un, où une expression usuelle et donc vide retrouve soudain vigueur et plénitude ; c'est dans l'étonnant chapitre "Sur des vers de Virgile" (III, V, 878) après une addition qui dit "Sommes nous pas bien bruttes de nommer brutale l'opération qui nous faict", "Nous avons à l'avanture raison de nous blasmer de faire une si sotte production que l'homme ; d'appeler l'action honteuse, et honteuses les parties qui y servent" dit d'abord le texte, en essayant de fonder l'appellation commune sur une pensée dépréciative de l'homme, et par un jeu de mots de ranimer un lieu commun par un autre, hérité de la tradition moraliste. Vient une addition : "(c) (asteure sont les miennes proprement honteuses et peneuses)", où soudain, par l'irruption d'un autre sens, au départ inaperçu, et, dans le premier temps, inattendu, l'expression usuelle, travaillée par la réflexion, prend cruellement son sens "propre" qui fait retour et que, sans doute, on aurait préféré ne pas entendre puisqu'il avoue la décrépitude sexuelle.[1]

Cette double temporalité – qui existe même sans les additions – est rendue possible par le temps nécessaire à l'expression, qu'il y ait énonciation à voix haute devant un secrétaire ou simplement le temps matériel de l'écriture (on se rappelle la boutade de Paulhan sur l'inconvénient des stylos modernes trop lents pour suivre la pensée). Ce retard inévitable ouvre un espace où nous avons l'occasion, si nous y prêtons l'oreille, d'entendre se manifester cette disposition obscure et persistante dont je parlais tout à l'heure. L'écriture apparaît comme un lieu où peut s'accomplir ce travail de ressaisissement indéfini, sans cesse à recommencer, ou plus exactement sans cesse à commencer, et qui est une façon privilégiée d'avoir accès à un soi secret, d'avoir avec soi-même un commerce vrai. Un lieu dans lequel se manifeste cet être-de-langage qui est un autre et qui est pourtant moi : "l'ouvrage, de sa propre force et fortune, peut seconder l'ouvrier outre son invention et connoissance et le devancer" (III, VIII, 939), "je hasarde souvent des boutades de mon esprit, desquelles je me deffie, (c) et certaines finesses verbales, dequoy je secoue les oreilles ; (b) mais je les laisse courir à l'avanture" (943), "Elles portent souvent, hors de mon propos, la semence d'une matiere plus riche et plus hardie, et sonnent à gauche un ton plus delicat, et

---

1 Laurent Jenny m'a fait relire, ou pour mieux dire, lire ce passage, et par ses réflexions et son commentaire m'a inspiré dans ce travail.

pour moy qui n'en veux exprimer d'avantage, et pour ceux qui. encontreront mon air" (I, XL, 251, c). Par là nous est offerte la possibilité de "voir en derriere", autrement dit de prendre conscience de ce qui agit en nous, de ce qui nous agit. "Regardez un peu comment s'en porte nostre experience : il n'est personne, s'il s'escoute, qui ne descouvre en soy une forme sienne, une forme maistresse, qui luicte contre l'institution, et contre la tempeste des passions qui luy sont contraires" (III, II, 811). Malgré toutes nos images de nous, accepter que se fasse jour une disposition, un pli d'être, que l'écriture nous rend présent et qu'il dépend de nous de ne pas laisser devenir inactuel.

De même dans notre lecture des *Essais*, il nous faut travailler à quitter nos "orbieres" si nous ne voulons pas rester dans nos "ornieres", accepter de devenir étrangers à nos représentations de nous-mêmes pour pouvoir prêter attention à cette voix d'éveil. Et c'est le plus difficile, car "il n'y a pas d'expédient auquel un homme ne soit prêt à recourir pour s'épargner le vrai labeur de la pensée". J'espère ne pas m'être moi-même dérobé.

CHAPITRE 5

"CONSIDERATION SUR CICERON"

> "Une illusion, c'est l'esprit qui pense dans son sens" Jean Paulhan

Pourquoi Cicéron ? c'est à l'évidence un exemple particulièrement bien choisi, celui d'un homme public, consul et homme d'état dans une période troublée par des dissensions civiles qui ont marqué la fin de la République romaine, et d'un homme de pensée dont les réflexions ont constitué une sorte de répertoire de la tradition philosophique antique, dont à bien des égards la Renaissance s'est inspirée : il représente, par ces deux aspects, et jusqu'à la caricature, ce que Montaigne tout à la fois a envie et craint d'être lui-même. En se défaisant d'un Cicéron très partialement présenté – mais bien réel –, Montaigne exorcise (ou tente d'exorciser) quelque chose qui sans doute l'attire en même temps qu'elle le menace lui-même, non tant du point de vue de la pratique politique, ni de la constitution psychologique, ni même de l'attitude éthique, que du point le plus proche, intime, du rapport à la figure de soi telle que l'écriture a affaire avec elle, en d'autres termes à la vérité qui a constitutivement part au projet d'écrire de soi, avec les embûches bien connues qui la mettent en péril (par exemple le topos de la réputation, de la survie ou de la gloire), mais aussi avec les dangers plus insidieux, moins répertoriés, moins convenus, et dont, au fur et à mesure de son parcours un peu erratique, Montaigne apprend à reconnaître le pouvoir sur lui-même (par exemple qu'une dépréciation de soi par souci d'éviter les pièges de la vanité ou les leurres de la présomption peut très facilement se retourner en fausse humilité), bref la découverte qu'on ne parle jamais de soi sans perte, ni au regard des autres, ni de soi-même (III, VIII, 922).

A quoi il faut ajouter qu'une telle "considération sur Cicéron" ne peut guère manquer de porter la trace de l'intention propre qui anima Montaigne au moment où il écrivit, avec ses préoccupations et aussi ses lectures au point où elles en sont arrivées, c'est-à-dire que ce propos a toutes chances de manquer de justice par rapport au personnage historique dans son entier, et qu'il demande à être lu non comme un jugement définitif, mais bien comme une "considération", terme à la fois classique et équivoque, une réflexion, sans nuance *a priori* péjorative, sur des thèmes généraux qui trouvent un ancrage dans le personnage de Cicéron tel qu'il se présente à la suite de certaines lectures. Pierre Larousse manque rarement une occasion d'exercer sa verve, il définit "considération" ainsi : elles "supposent de la profondeur, de la pénétration, de l'étendue dans l'esprit ; elles s'enchaînent selon un ordre logique et sentent un peu la dissertation". La seconde partie de la définition s'accorde assez mal à l'image de l'essai selon Montaigne. Mais peut-être assez bien avec la teneur de la version première, à la fois académique et partiale. Il faudra donc reprendre les termes parfois vifs un jour tracés sur le papier, non qu'on les renie, ils ont été dits et ne s'effacent pas – ils n'ont pas de raison de s'effacer – mais peut-être les infléchir, les mieux situer à la lumière de nouvelles lectures ou d'une avancée de la réflexion. Après tout, peut-être n'y a-t-il pas eu un Cicéron, mais au moins deux, aussi dissemblables que les deux faces d'un même visage, et peut-être la question n'est-elle pas d'arriver à un "vrai" Cicéron, à un portrait véridique, historiquement juste. Mais alors quel est l'enjeu de ces pages ?

Les deux premiers livres des *Essais* présentent un type particulier de difficultés : il est presque impossible de les lire autrement que dans leur état dernier, malgré les marques fameuses (a), (b) et (c) qui distinguent les trois étapes essentielles de leur élaboration. Peut-être n'est-il pas sans intérêt de revenir parfois à la version première, en la débarrassant, provisoirement tout au moins, de ses additions. Cela saute aux yeux si l'on sépare, dans la disposition sur la page, les trois strates de texte ; on mesure alors que sur les 170 lignes que comporte l'essai XL, 72 constituent le premier essai, 60 s'y ajoutent en 1588, et 38 ensuite. Ces données numériques importeraient peu si on ne pouvait y déceler une inflexion qui nous intéresse à plus d'un titre.

Ce n'est pas ici le lieu d'une étude sur les additions dans leur ensemble, mais de quelques remarques seulement. Le texte s'accroît par greffes successives, on le sait, et si une relative cohérence thématique se maintient, on observe également un déplacement de l'objet effectif de l'essai ; cela vaut pour la plupart des additions, mais est particulièrement notable pour "Consideration sur Ciceron". Au départ, nous avons une tentative dans le style classique, à l'imitation de Plutarque dans ses *Vies,* avec une comparaison des couples Cicéron et Pline d'une part, Epicure et Sénèque de l'autre (comme dans XXXIX, "De la solitude", ainsi que l'indique Villey). Les thèmes retenus, la solitude pour XXXIX, l'origine de la gloire pour XL, sont eux aussi classiques et appartiennent aux "topoi" des *moralia.* En outre les essais sont si proches qu'on discerne sans difficulté une continuité de l'un à l'autre : il s'agit dans les deux cas de séparer le propre de l'étranger, ce qui relève de nous-mêmes et ce qui dépend des autres, opinion ou sort. L'essai commence avec une attaque en règle, virulente, contre le désir de gloire de Cicéron et Pline ("infinis tesmoignages de nature outre mesure ambitieuse" 249) qui font pièce de tout bois pour faire parler d'eux – on est presque surpris de ne pas voir apparaître ici le chien d'Alcibiade – et tombent ainsi sous une condamnation dont l'âpreté même attire l'attention : "Mais cecy surpasse toute bassesse de coeur, en personnes de tel rang, d'avoir voulu tirer quelque principale gloire du caquet et de la parlerie..." (249). Si bien qu'on voit s'amorcer un développement double, d'une part sur la vanité de la renommée littéraire, d'autre part sur l'opposition entre le dire (servile) et le faire (noble), qui reprend et redouble une autre opposition classique, celle du privé et du public. A qui, par son rang, incombe la charge d'agir, exceller dans les lettres, la musique ou tel autre art, marque qu'il ne se consacre pas entièrement à son rôle essentiel, à ce qui lui est propre : "C'est une espece de moquerie et d'injure de vouloir faire valoir un homme par des qualitez mes-advenantes à son rang, quoy qu'elles soient autrement loüables..." (250). On peut au passage relever combien forte est la revendication nobiliaire de Montaigne qui ne trouve pas de mots assez durs pour condamner les pratiques non-nobles auxquelles il semble que ce soit déroger que de se consacrer – parmi elles la littérature (Friedrich l'a pertinemment montré). D'où en effet une raideur et une acrimonie dans le jugement qui peuvent surprendre, comme si, pour l'heure, la valeur était étroitement associée à la grandeur – et surtout celle des conducteurs de peuples ou chefs de guerre (Xénophon, César, Cyrus, Charlemagne, Philippe de Macédoine et Alexandre). Cela vient probablement de ce que l'essai premier pour l'essentiel accompagne la lecture de Plutarque, *Dicts notables des anciens Roys* et *Périclès*.

Vient ensuite le deuxième volet, antithétique, sur le comportement d'Epicure et de Sénèque, qui encouragent leurs correspondants à la retraite, en les assurant qu'elle pourra leur apporter autant de gloire dans l'avenir que leurs actions publiques (topos des deux vies, active et contemplative, *otium* et *negotium*) ; ce qui semble légèrement discordant par rapport à la ligne du début qui privilégiait nettement l'action publique. S'adjoint ensuite un argument étonnant (et même exorbitant) : à elles seules les lettres que Sénèque et Epicure envoient suffiront à rendre leurs correspondants fameux dans les siècles. Et Montaigne ne fait alors aucun commentaire désapprobateur. Pourtant, comme sensible à l'inégalité de traitement, il ajoute une remarque sur la qualité même des lettres "qui ne se soutiennent" pas "par un delicat chois de mots, entassez et rangez à une juste cadence, ains farcies et pleines de beaux discours de sapience" (retrouvant l'opposition entre la parole et l'action) "... qui nous apprenent non à bien dire, mais à bien faire" (252).

L'essai se termine avec une atténuation, relative et ambiguë, du jugement porté sur Cicéron (Pline a disparu), dont l'éloquence – condamnée parce qu'elle ne se préoccupe que d'elle-même – est pourtant réhabilitée au nom de sa "si extreme perfection" qu'elle "se donne corps elle mesme". Cicéron aurait donc trahi sa condition d'homme d'état en embrassant d'un amour immodéré et impur la poursuite des belles lettres, et, enfin, Montaigne glisse l'anecdote de l'esclave Eros affranchi pour avoir prévenu que l'audience était remise au lendemain laissant ainsi au maître un délai supplémentaire pour préparer son discours ; il n'ajoute aucun commentaire.

Tel quel, l'essai laisse quelque peu perplexe. Il enregistre des réactions à la lecture de Plutarque, de Sénèque, des lettres de Pline et de Cicéron, et, comme on l'a dit souvent, il tente à la fois d'accumuler des "contes" et de se frayer une voie vers une position de jugement qui répartirait équitablement l'éloge et la condamnation entre deux attitudes contrastées qui mettent en jeu amour de la gloire, pratique littéraire et dévoiement de la grandeur véritable d'un côté, de l'autre action, noblesse et renommée acquise par surcroît. Mais cet exercice de pesée reste étrangement scolaire, et, malgré la véhémence presque hargneuse de certains tours ironiques ("Sied-il pas bien à deux consuls Romains, souverains magistrats de la chose publique emperiere du monde, d'employer leur loisir à ordonner et fagoter gentiment une belle missive, pour en tirer la reputation de bien entendre le langage de leur nourrisse ?" 249) où l'antithèse entre la cascade des titres officiels pompeux et la qualification dérisoirement puérile des ambitions ne manque ni de sel ni de férocité, malgré cela, le propos reste académique et impersonnel. On ne relève que trois marques de première personne, toutes trois très atténuées : "à mon advis" (l.2, dans une parenthèse), "je ne croy pas" (l.18) et "J'adjousteray encore un conte..." (l.104) ; elles organisent le développement, sans presque y prendre part. Par ailleurs plusieurs tournures sollicitent l'assentiment du lecteur (les questions dites rhétoriques "Sied-il pas bien..." et "Que feroit pis...") ou font appel à la caution des autorités antiques ("... et Terence l'advoüe luy mesme" 1.24, "Plutarque dict d'avantage..." 1.50, "Et Antisthenes print pour argument..." 1.59, "Les sages disent..." 1.84, "si ce n'est qu'on die..." 1.112, "... un conte...", 1.104). Comme si la question en débat, tout en éveillant une véhémence surprenante dans les phrases de Montaigne, restait abstraite. Comme si d'abord Montaigne avait confusément perçu que gisait là un problème essentiel, propre à susciter une passion véritable, mais n'était pas, encore, parvenu à le formuler autrement qu'en termes classiquement éthiques de "gloire", catégorie académique s'il en fut jamais. Réaction donc, mais non réflexion, si l'on entend par là le moment où les idées reçues vacillent de simplement trouver corps dans l'expérience vécue.

Or c'est précisément ce mouvement d'"incarnation" que dessinent les additions. Bien sûr, on ne saurait parler proprement de rupture, la façon première continue, et deux additions (b) au moins se bornent en fait à augmenter le florilège en fonction des lectures nouvelles (250 et 251) avec des anecdotes prises elles aussi de Plutarque, et la citation de deux poètes, Horace et Virgile, sur le thème de la qualité propre du prince. Dans ces deux cas, on ne trouve aucune marque de première personne, le développement reste de l'ordre du recensement, de la collection d'exemples.

Très différent en revanche, le long passage que Montaigne ajoute à la suite de son essai premier commence ainsi :"Sur ce subject de lettres, je veux dire ce mot, que c'est un ouvrage auquel mes amys tiennent que je puis quelque chose" (252). Il avait été question des lettres de Cicéron, Pline, Epicure et Sénèque, voici maintenant celles de Montaigne. Sans aller jusqu'à se prétendre l'égal des anciens en cette matière,

Montaigne revendique une qualité particulière d'écriture, et peut-être digne de considération elle aussi. On ne s'étonne pas de voir les marques de première personne abonder (plus d'une trentaine en une page et demie), signe qu'il s'agit cette fois de relater une expérience personnelle et non plus d'accumuler des exemples livresques. Autant il semblait difficile de parler de soi dans l'essai premier, autant il semble difficile de parler d'autre chose que de soi dans l'ajout (on pense aussitôt à la phrase : "Si le monde se plaint de quoy je parle trop de moy, je me plains de quoy il ne pense pas seulement à soy" (III, II, 805, c), nous y reviendrons). Mais ce n'est pas pour faire son propre éloge que Montaigne évoque sa façon d'écrire ; les formules qu'il utilise sont souvent négatives, il ne sait pas composer de belles lettres selon les canons de son temps ; son langage est "trop serré, desordonné, couppé, particulier" (252), qualificatifs qui le présentent comme un inverse de Cicéron ("un delicat chois de mots, entassez et rangez à une juste cadence"). Ce contre-exemple qu'il représente ainsi lui-même dessine une forme d'écriture dont la définition attire l'attention : "J'ay naturellement un stile comique et privé, mais c'est d'une forme mienne, inepte aux negociations publiques, comme en toutes façons est mon langage" (252), où l'on peut voir plusieurs indications, d'abord par opposition à style élevé et public – il s'agirait donc d'une écriture privée qui, elle, répondrait véritablement au titre de Cicéron (épitres familières) ; ensuite par opposition à écriture académique, obéïssant aux canons esthétiques fixés, c'est une façon toute personnelle de dire, sans apprêts ni recherche ; enfin, c'est une manière quotidienne, celle de tous les jours, qui n'a d'autre exigence que de correspondre aussi exactement que possible au "naturel" (au sens de caractère) de son auteur. C'est d'ailleurs sans doute ce terme, qui figure dans le dernier paragraphe de l'essai premier ("... pour nous faire toucher au doigt son naturel..."), qui fait lien avec l'ajout ("J'ay naturellement..."). Pour reprendre l'un des thèmes de l'essai, Montaigne présente donc son écriture comme une activité privée et non publique, d'où l'insistance sur ce qui l'éloigne des "lettres cérémonieuses". D'autant que le style de chancellerie comporte tout un ensemble de formules d'étiquette, dont les tours hyperboliques obligés sont creux. Et les mots y perdent leur sens : "il ne fut jamais si abjecte et servile prostitution de presentations ; la vie, l'ame, devotion, adoration, serf, esclave, tous ces mots y courent si vulgairement que, quand ils veulent faire sentir une plus expresse volonté et plus respectueuse, ils n'ont plus de maniere pour l'exprimer" (253). Ainsi expression publique et mensonge se trouvent-ils liés, comme expression recherchée et vanité. A l'inverse de l'usage présent, Montaigne se "jette naturellement à un parler sec, rond et cru qui tire, à qui ne me cognoit d'ailleurs, un peu vers le dedaigneux". Sa visée n'est pas d'écrire pour plaire. Mais ce caractère privé, concevable dans le cas des lettres, devient douteux dès lors que l'imprimerie se charge de les publier. Et l'ajout ne prend pas nettement parti sur cette contradiction.

Un autre point remarquable : l'écriture au sens matériel du terme apparaît, elle aussi, sous un jour peu flatteur ("quoy que je peigne insupportablement mal..." 253) ; mais cette "mauvaise écriture", hâtive ("en poste... précipiteusement...") se trouve néanmoins répondre à une nécessité interne : d' être le plus près possible d'une pensée en marche, d'un naturel primesautier. Il écrit ailleurs (II, X, "Des livres") : "Je veux qu'on voye mon pas naturel et ordinaire, ainsin detraqué qu'il est. Je me laisse aller comme je me trouve (...) Si je m'y plantois, je m'y perdrois, et le temps : car j'ay un esprit primesautier" (409). Il est remarquable que Montaigne juge "digne d'estre communiquée à la jeunesse oysive" telle page qu'il a écrite autrefois pour les dames, "lors que ma main estoit veritablement emportée par ma passion", en d'autres termes quand aucune considération esthétique ou formelle n'entrait en jeu, du moins consciemment, et que seul le sentiment semblait dicter les phrases. Il ne s'agissait pas alors, semble-t-il, d'écrire bien ou mal, mais d'être au plus près de la force du sentiment. Même si cette "fureur" n'est plus de saison, elle conserve quelque chose d'important : il faut à l'écriture aller aussi vite que la pensée.

Dernier point que je relève ici : à l'inverse d'une pratique dans laquelle l'ordonnance des matières préexisterait à l'écriture, où la *dispositio* jouerait un rôle dominant, Montaigne décrit une "allure vagabonde", sans projet préconçu : "Je commence volontiers sans project ; le premier traict produit le second" (253). Cicéron, une fois encore, sert de contre-exemple, et l'on ne peut manquer de rappeler ces lignes : "Au fort de l'eloquence de Cicero, plusieurs en entroient en admiration ; mais Caton, n'en faisant que rire : Nous avons, disoit-il, un plaisant consul. Aille devant ou apres, un'utile sentence, un beau traict est toujours de saison" (I, XXVI, 170, a) et un peu plus loin la phrase souvent citée : "Au rebours c'est aux paroles à servir et à suyvre, et que le Gascon y arrive, si le François n'y peut aller. Je veux que les choses surmontent, et qu'elles remplissent de façon l'imagination de celuy qui escoute, qu'il n'aye aucune souvenance des mots. Le parler que j'ayme, c'est un parler simple et naif, tel sur le papier qu' à la bouche ; un parler succulent et nerveux, court et serré, (...) plutôt difficile qu'ennuieux, esloingné d'affectation, desreglé, descousu et hardy : chaque lopin y face son corps" (171-2, a). De considérations académiques sur la gloire, le dire et le faire, le style orné, la vie publique et la vie privée, les additions de (b) ont infléchi l'essai vers une simple relation de la pratique personnelle de Montaigne, un constat de sa façon personnelle d'écrire. Il ne s'agit plus d'une position de juridiction, mais d'une constatation, même si bien sûr le jugement de valeur n'est pas absent.

Les additions (c) accentuent encore cet infléchissement. La première personne y est constante, mais surtout, c'est pour l'essentiel des *Essais* mêmes qu'il s'agit. L'élégance de l'expression n'est pas qualité par laquelle Montaigne souhaite qu'on le juge ; ce qui lui importe en revanche, c'est la "matière". Nous reviendrons plus en détail sur ces quelques lignes. Retenons pour l'instant qu'elles s'achèvent sur une citation de Sénèque : *"Non est ornamentum virile concinnitas*", qui indique une sorte de demande : qu'on regarde son livre pour ce qu'il dit, non pour la manière dont il le dit. La proposition est abrupte, et là encore, me semble-t-il, doit être lue par rapport au contre-exemple que constitue Cicéron.

Le personnage de Cicéron convient particulièrement bien en effet, et les remarques de Montaigne parcourent un ensemble de défauts et d'erreurs qui valent la peine qu'on s'y arrête, tant s'y mêlent appréciation éthique et rigueur de pensée.

Et d'abord que Pline et lui "sollicitent, au sceu de tout le monde, les historiens de leur temps de ne les oublier en leurs registres" (249). Que signifie exactement cette notation ? bien sûr elle désigne un désir de renommée qui passe les bornes, une outrance impudique ou, pour reprendre une formule ultérieure, dans un long développement où Cicéron apparaît, une "amour de soy indiscrete" (II, VI, 379, c). Si l'on se reporte en effet à la lettre à Lucceius (*Fam.*, V, 12), on évite difficilement un sentiment de malaise : après un bref exorde qui avoue profiter de l'écriture pour formuler une demande "outre mesure ambitieuse" ("*epistola enim non erubescit*") Cicéron, maniant sans vergogne la flatterie la plus effrontée ("la qualité de ce que tu écris... m'a à ce point séduit et embrasé..."), n'hésite pas à presser son "ami" d'entreprendre sans délai la narration de ses hauts faits, l'histoire de son consulat. Il avoue ne pas ignorer "ce qu'il y a d'effronterie" à solliciter son propre éloge, mais puisque sont franchies les "bornes de la décence", il va jusqu'à prier instamment ("*plane etiam atque etiam*") son correspondant "d'embellir son récit au-delà même de ce qui est peut-être ta vraie pensée" et "d'accorder à notre amitié un petit peu plus même que ne concédera la vérité". La formule a frappé Montaigne au point qu'il la reprend textuellement ailleurs pour la retourner contre Cicéron : "Mais, à confesser hardiment la verité (car, puis qu'on a franchi les barrieres de l'impudence, il n'y a plus de bride), sa façon d'escrire me semble ennuyeuse, et toute autre pareille façon" (II, X, 413). A ce degré d'outrance, on a en effet dépassé toute mesure (il faudrait sans doute traduire "*ardeo cupiditate incredibili*" par "je suis embrasé d'une passion irrationnelle"), et Cicéron fait là un aveu presque pathologique. En sorte que la vanité hypertrophiée tombe bien sous le coup d'une réprobation éthique, mais davantage encore indique une déraison.

Car "indiscret" ne signifie pas seulement "sans retenue" ou "sans pudeur", le terme désigne également une erreur de jugement : nos actes dans la vie publique peuvent rencontrer le succès, mais cela ne signifie aucunement notre mérite, seule la Fortune en décide, et non nous-mêmes. C'est essentiellement par une faute de pensée que nous nous croyons responsables de notre réussite ("Les effets diroyent plus de la Fortune que de moy" 379), et la maîtrise que nous croyons avoir sur les événements est illusoire. On retrouve cette réflexion amplement développée dans III, IX, 956-962 ou III, X. Solliciter les historiens pour qu'ils parlent de nous témoigne d'un aveuglement sur la réalité, et le sort, dans son ironie, se charge de ridiculiser nos prétentions : "et la fortune, comme par despit, a faict durer jusques à nous la vanité de ces requestes, et pieça faict perdre ces histoires" (249). Les faits sont tombés dans l'oubli et seul subsiste le désir de renom auquel ils ont donné lieu, rêve de gloire, songe vain. "Pensons-nous qu'à chaque harquebouzade qui nous touche, et à chaque hazard que nous courons, il y ait soudain un greffier qui l'enrolle ?" (II, XVI, 628). Les faits se recommandent d'eux-mêmes : "Si les gestes de Xenophon et de Caesar n'eussent de bien loing surpassé leur eloquence, je ne crois pas qu'ils les eussent jamais escris" (249). D'un côté le faire qui manie les choses réelles, de l'autre le dire qui a part aux songes, les confondre c'est méconnaître ce qui fait notre condition. Ainsi, à y regarder de plus près, dès la première version de l'essai, ce qui anime le texte semble moins relever d'une appréciation psychologique ou morale que d'un exercice de clairvoyance pour démêler non pas tant le bien du mal que le réel de l'imaginaire.

Or le signe de cette méconnaissance, Montaigne le trouve, semble-t-il, dans l'importance prédominante que Cicéron accorde au souci de la forme. Un tel souci serait concevable chez "un simple maistre d'école", il serait même tout à fait approprié ("Il seroit à l'advanture excusable à un peintre ou autre artisan, ou encores à un Rhetoricien ou Grammairien, de se travailler pour acquerir nom par ses ouvrages" 629). En revanche, dans le cas de Cicéron, il ne convient pas, car il entraîne la confusion et presque la tromperie : les "gestes" du consul attireraient la considération non par elles-mêmes, mais par les ornements de style qui les font valoir. La rhétorique n'est pas condamnée pour elle-même, elle a ses qualités "autrement louables", mais seulement refusée lorsqu'elle constitue le souci essentiel de quelqu'un qui devrait tirer sa recommandation propre de ses actes. C'est dire que l'éloquence et la connaissance des bonnes lettres sont des qualités spécifiques et que leur domaine doit être circonscrit pour qu'elles soient légitimes. Dès qu'elle outrepasse ces limites, la "vertu parliere" devient trompeuse, et c'est apparemment cette double inconvenance que Montaigne repère en Cicéron, l'homme d'action a voulu faire valoir ses actes par l'ornement de ses paroles, il a fait de l'éloquence son souci principal. La condamnation de la rhétorique cicéronienne elle-même est beaucoup plus ferme et argumentée dans un autre essai, II, X, où l'on peut lire notamment : "Car ses prefaces, definitions, partitions, etymologies, consument la plus part de son ouvrage ; ce qu'il y a de vif et de mouelle, est estouffé par ses longueries d'apprests" (413). Ici Montaigne se borne brièvement à une notation équivoque : "Fy de l'eloquence qui nous laisse envie de soy, non des choses ; si ce n'est qu'on die que celle de

Cicero, estant en si extreme perfection, se donne corps elle mesme" (252) ; la première phrase reprend l'argument traditionnel contre les belles paroles vides de matière, on en trouve ailleurs une formulation presque analogue : "L'éloquence faict injure aux choses, qui nous destourne à soy", dans la suite d'une citation de Sénèque, " *Quis accurate loquitur, nisi qui vult putide loqui ?*" (I, XXVI, 172). La parole précise, véridique, sent fort, elle n'a rien d'agréable – c'est, pour reprendre les termes de Paulhan, le parti des terroristes contre les rhétoriciens –, mais la rectification qui suit évoque, fugitivement et avec quelque réserve ("on die") le pouvoir qu'auraient peut-être les mots de constituer un "corps", ou plutôt de se donner corps ; parvenue au degré suprême de perfection, l'expression serait une véritable création, et Cicéron, par ailleurs dévoyé, serait parvenu à une excellence telle que son langage ne serait "plus de vent, ains de chair et d'os" (873). Mais, il faut le souligner, il s'agit là d'une opinion commune à laquelle rien n'indique que Montaigne souscrive. Sur ce point aussi, la "considération" sur Cicéron se présente comme un exercice de questionnement : un objet de langage peut-il atteindre à la consistance matérielle des choses ? et, si oui, par quelles voies ? par celles de Cicéron ou par celles de Sénèque ? Comment se situer exactement par rapport à sa parole ? Comment ne pas se tromper sur ce qu'on en attend ? Comment reconnaître ce qu'on souhaite vraiment lorsqu'on parle, ou mieux lorsqu'on écrit ?

Telle semble bien la question qui anime la réflexion sur la gloire. Il existe toute une tradition moraliste sur ce thème, et Montaigne n'aurait guère eu de mal à trouver et reprendre les arguments accumulés dans les florilèges, pour ou contre. En un sens c'est aussi ce qu'il fait de ses lectures et les couples contrastés de Cicéron et Pline, Epicure et Sénèque entrent dans des catégories établies sous la juridiction du bon et du mauvais. Mais l'essentiel, me semble-t-il, tient à l'effort de réflexion qui découvre dans le désir de gloire des ressorts inaperçus, des contradictions internes et des obscurités mystérieuses. C'est un peu court de condamner la vanité qui pousse à vouloir que la postérité conserve mémoire de notre nom, il faut encore comprendre de quoi elle est faite. D'autant plus que combattre cette ostentation peut aisément se retourner : "CACHE TA VIE... presuppose aussi necessairement qu'on mesprise la gloire, qui est une approbation que le monde faict des actions que nous mettons en evidence. Celuy qui nous ordonne de nous cacher et de n'avoir soing que de nous, et qui ne veut pas que nous soyons connus d'autruy, il veut encores moins que nous en soions honorez et glorifiez" (II, XVI, 619).

Or ce passage est repris de Sénèque, dont on a remarqué l'étrange argumentation pour persuader son correspondant de se retirer du monde, l'assurant qu'il y gagnera une gloire au moins égale à celle de ses actions publiques du seul fait de l'homme illustre de qui il reçoit une lettre. Celui qui parle ainsi contre la vanité de la gloire ne témoigne-t-il pas par là, lui-même, d'une prétention aussi exorbitante que celle de Cicéron dans la lettre à Lucceius ? On est entré dans un réseau où chaque attitude est susceptible de se renverser en son contraire, où qui veut faire l'ange fait la bête, où nous ne goûtons rien de pur, comme l'avait fort bien discerné Cicéron lui-même : "Car, comme dit Cicero, ceux mesmes qui la combatent, encores veulent-ils que les livres qu'ils en escrivent, portent au front leur nom, et se veulent rendre glorieux de ce qu'ils ont mesprisé la gloire"

(I, XLI, 255). Il n'est pas simple d'écrire contre la gloire car l'écriture même semble aller vers elle, et notre désir d'elle renaît sans cesse quand bien même nous saurions qu'elle est une rêverie, "vaine image et cette simple voix qui n'a ny corps ni prise" (255). C'est mystérieux, et mérite qu'on cherche d'où peut nous venir cette bizarrerie que Montaigne croit nous être constitutive : "... nous sommes, je ne scay comment doubles en nous mesmes, qui faict que ce que nous croyons, nous ne le croyons pas, et ne nous pouvons deffaire de ce que nous condamnons" (II, XVI, 619). Il semble que nous nous prenions à une image de nous-mêmes, et il n'est même pas besoin de complaisance à soi pour que naisse ce défaut, l'image à elle seule suffit, car elle comporte en soi la constance que nous désirons et qui nous trompe. La gloire a partie liée avec cette image que nous souhaitons immuable, capable de nous rassembler en une unité stable. En elle, nous cherchons le mirage de l'Un, sans doute parce que nous ne pouvons accepter que "Nous sommes tous de lopins, et d'une contexture si informe et diverse, que chaque piece, chaque momant, faict son jeu. Et se trouve autant de difference de nous à nous mesmes, que de nous à autruy" (II, I, 337). Ainsi le désir de gloire de Cicéron nous ouvre à bien autre chose qu'à une condamnation morale, il permet d'approcher l'étrange commerce que chacun entretient avec soi-même, avec la figure de soi. Cherchant à nous rejoindre, nous adhérons à un portrait. Cela est encore plus sensible dès lors que nous nous mettons à écrire et particulièrement de nous. Vouloir se survivre dans la postérité n'est en somme rien d'autre que perpétuer la représentation que nous nous faisons de nous-mêmes et que nous voulons faire accepter aux autres, en méconnaissant qu'il s'agit seulement d'une représentation imaginaire. Le désir de gloire est avant tout cette méconnaissance de notre propre diversité et variation incessante. Cicéron certes est risible dans sa vanité, mais il nous permet de comprendre qu'elle est aussi la nôtre, celle de notre propre représentation de nous-mêmes. Non pas seulement tare morale, mais surtout aveuglement sur la réalité.

En d'autres termes, les choses ne sont pas si simples qu'elles le paraissaient au premier abord. La "Consideration sur Ciceron" ne parvient pas à discriminer le bien du mal, elle ne constitue pas non plus un portrait du prince des orateurs ; c'est ailleurs, dans le cours de sa réflexion sur les livres, qu'en une dizaine de lignes, Montaigne rassemble plusieurs traits composites : "hors la science, il n'y avoit pas beaucoup d'excellence en son ame : il estoit bon citoyen, d'une nature debonnaire, comme sont volontiers les hommes gras et gosseurs, tels qu'il estoit ; mais de molesse et de vanité ambitieuse, il en avoit, sans mentir, beaucoup. Et si ne sçay comment l'excuser d'avoir estimé sa poësie digne d'estre mise en lumiere : ce n'est pas grande imperfection que de mal faire des vers ; mais c'est à luy faute de jugement de n'avoir pas senty combien ils estoient indignes de la gloire de son nom. Quant à son eloquence, elle est du tout hors de comparaison ; je croy que jamais homme ne l'egalera" (II, X, 415). L'ensemble constitue un bilan pondéré, où en fin de compte les réserves l'emportent sur les éloges (surtout si l'on relit les quelques lignes qui furent supprimées après la mort de Montaigne), car, pour l'éloquence elle-même, Montaigne reprend les reproches qu'il trouve dans Tacite ("eloquence cassée et esrenée, "*fractam et elumbem*") et y ajoute "Pour moy j'ayme mieux une cadance qui tombe plus court, coupée en yambes" (416). Ni portrait, ni jugement à proprement parler, la "consideration" évoque certaines caractéristiques du grand homme, c'est le Cicéron des discours et des lettres qui est visé, l'homme public et l'orateur, et non le penseur, homme privé, auteur des *Tusculanes* ou des *Académiques* que Montaigne va lire plus tard. On peut se demander ce que cherchait Montaigne dans ces notations, ce qui s'y jouait pour lui, et ce qui s'y joua peu à peu. Il doit s'agir de quelque chose d'important, de vif, si l'on se rappelle avec quelle virulence caustique inhabituelle est menée l'attaque contre Cicéron et Pline, loin de la débonnaireté affable qui règne souvent dans les *Essais* ; on remarque aussi la violence peu fréquente de la formule : "Je hay à mort de sentir au flateur" (253), comme si Montaigne réagissait à une menace potentielle d'autant plus redoutable qu'elle est insidieuse. Il est frappant que des questions qui touchent à l'expression, au style et aux tournures, soient précisément celles à propos desquelles apparaît une particulière vigueur d'expression, comme si Montaigne avait éprouvé les risques auxquels on s'expose dès lors qu'on écrit, et plus encore lorsqu'on écrit de soi. Ce sont d'ailleurs dans des additions qu'elle se voit, comme si on pouvait y lire une réaction au changement de statut qui a dû être celui de Montaigne après la publication de 1580. On peut concevoir que Montaigne a éprouvé dans cette occasion que l'écriture n'est pas neutre, mais au contraire un espace étrange où se dévoile à notre insu quelque chose de la relation intime avec soi, et où se révèle notre rapport à la vérité. La réaction à la posture de Pline et Cicéron indique à la fois, me semble-t-il, leur grande proximité et leur défaillance essentielle par rapport au projet de Montaigne. C'est par différence et opposition à eux que va se définir peu à peu un rapport particulier à l'écriture.

Il semble important d'insister sur la fragilité de cet espace, où une très légère distorsion de langage peut produire des effets dévastateurs, où une minime exagération ruine l'ensemble en le frappant de soupcon. D'où l'extrême "susceptibilité" que manifeste le texte en plusieurs occasions : "Ainsi, j'ay souvent consideré d'où pouvoit naistre cette coustume, que nous observons si religieusement, de nous sentir plus aigrement offensez du reproche de ce vice, qui nous est si ordinaire, que de nul autre ; et que ce soit l'extreme injure qu'on nous puisse faire de parolle, que de nous reprocher la mensonge. Sur cela, je treuve qu'il est naturel de se defendre le plus des deffaux dequoy nous sommes le plus entachez. Il semble qu'en nous ressentans de l'accusation et nous esmouvans, nous nous deschargeons aucunement de la coulpe ; si nous l'avons par effect, au moins nous la condamnons par apparence" (II, XVIII, 666, a). Cette méditation vient dans le mouvement de réflexion où Montaigne cherche à démêler difficilement les pièges contenus dans le "dessein de se servir de soy pour subject à escrire" (663), et où César et Xénophon apparaissent, comme ils apparaissent ici.

H. Friedrich a justement relevé la parenté entre les épitres familières et l'essai (notamment p. 368-373) ; la "Consideration sur Ciceron" nous invite à marquer au moins autant d'écarts que de ressemblances. Montaigne décrit, on l'a vu, sa propre manière d'écrire des lettres dans des termes inverses de ceux qu'il emploie pour Ciceron, et il insiste fortement sur le caractère privé de son style ("c'est d'une forme mienne, inepte aux negociations publiques" 252). Par là, il suggère que les épîtres de Cicéron ne répondent pas exactement à leur titre, et confondent dans leur style et leur visée domaine public et espace privé, là où Montaigne s'attache à les séparer le plus clairement possible. A cela s'ajoutent ses médiocres dispositions pour les "lettres ceremonieuses". Il dessine ainsi les traits d'un style non travaillé qui relève du domaine privé et refuse de porter en lui la marque du public. On pourrait accumuler les citations, j'en relève une seule où apparaît le même adjectif qu'ici : "Au demeurant, mon langage n'a rien de facile et poly : il est aspre (c) et desdaigneux, (a) ayant ses dispositions libres et desreglées ; et me plaist ainsi, (c) si non par mon jugement, par mon inclination" (II, XVII, 638). Ce qui est indiqué par "desdaigneux", me semble-t-il, c'est une manière d'écrire dans laquelle l'assentiment de l'autre n'est pas sollicité, et dont la qualité essentielle est de correspondre à une façon d'être ("comme en toutes façons est mon langage" 252). L'accord de l'autre, comme le souci de plaire, iraient même au contraire de ce que vise cette relation au langage, à savoir être proprement sien, conforme à une particulière disposition d'être.

Mais le genre épistolaire pose d'autres questions que Montaigne ne peut guère manquer de rencontrer : aussi concentrée sur soi, aussi séparée d'un public qu'elle se veuille, la lettre a, par nature, un destinataire, elle est adressée. C'est là que se marque une différence essentielle avec Pline et Cicéron, dont les lettres semblent consister en elles-mêmes, sans considération de leur circonstance réelle, "en maniere que, aucunes ayant failly en leur saison pour estre envoyées, ils les font ce neanmoins publier avec cette digne excuse qu'ils n'ont pas voulu perdre leur travail et veillées" (249). Tout au contraire, Montaigne affirme la nécessité pour lui d'un correspondant réel dans une circonstance précise : "Car de negocier au vent comme d'autres, je ne sçauroy que de songes, ny forger des vains noms à entretenir en chose serieuse : ennemy juré de toute falsification" (252). C'est dire que l'écriture d'une lettre n'a rien, pour lui, d'une fiction ni d'un jeu, elle est ancrée dans une existence réelle. Or il manque le destinataire dont il exprime le besoin ("J"eusse esté plus attentif et plus seur, ayant une addresse forte et amie, que je ne suis...") et dont il regrette l'absence ("Il me falloit, comme je l'ay eu autrefois, un certain commerce qui m'attirast, qui me soutinst et soulevast"). Telle serait la situation idéale pour écrire des lettres, ce commerce où on serait soutenu et soulevé. Comment comprendre ces deux termes ? Ils désignent, semble-t-il, une relation dans laquelle tout à la fois on se sent épaulé, conforté, encouragé, et soumis à l'exigence d'être au meilleur de soi, désenglué de ses propres images, dépris de soi. (Tout le contraire en somme de ce qu'on lisait dans la lettre à Luccéius). Or la mort de La Boétie a interrompu cette relation mythique, dont on sait que Montaigne n'a cessé de mener le deuil. Du même coup, la forme "lettre" n'a plus de signification dans la vie réelle. Le modèle épistolaire cicéronien, si souple, varié et libre, ne peut donc, malgré tout son attrait, convenir : sans correspondant réel, il ne serait qu'une forme artificielle, au contraire de ce qu'on espère d'elle. Il faut désormais inventer une autre forme, dans laquelle soient présents les avantages de la lettre, à savoir caractère privé et personnel, ton familier et non cérémonieux, liberté d'allure et de sujet, mais en l'absence d'un destinataire précis : ces traits à eux seuls dessinent la configuration de l'essai tel que nous voyons Montaigne le pratiquer et lui donner son nom, tel aussi qu'il le décrit en de nombreux passages. A bien des égards, c'est contre Cicéron, l'homme et l'écrivain, que cette forme se constitue.

Car, à suivre la pente cicéronienne, on risque de faire que les mots perdent leur sens et leur poids de réalité (leur "matiere"), en sorte que le soupçon de mensonge risque de s'étendre à la langue toute entière, ce qui menace le lien entre les hommes. "Nostre intelligence se conduisant par la seule voye de la parole, celuy qui la fauce, trahit la société publique. C'est le seul util par le moien duquel se communiquent nos volontez et nos pensées, c'est le truchement de nostre ame : s'il nous faut, nous ne nous tenons plus, nous ne nous entreconnoissons plus. S'il nous trompe, il rompt tout nostre commerce et dissoult toutes les liaisons de nostre police" (II, XVIII, 666-7, c). Cette vision apocalyptique est très frappante : le problème traditionnel du mensonge se trouve déplacé, les termes classiques se sont modifiés et ont perdu leur abstraction ; Montaigne les voit désormais s'inscrire dans son rapport à l'expression : les façons de dire manifestent des façons d'être, et c'est pourquoi sans doute le souci du langage est si grave (on trouverait des accents très semblables, à l'époque contemporaine, dans certains textes de Jean Paulhan ou Francis Ponge). En d'autres termes, si on cantonne la rhétorique à n'être qu'un art de l'ornement, de l'agencement ou de la séduction (comme le fait, pour Montaigne, Cicéron), on méconnaît sa valeur et sa portée effectives : la rhétorique véritable (mais le mot désormais risque de prêter à confusion) est invention de la forme adéquate pour rendre présent dans le langage un être particulier ; il n'y a de rhétorique véritable que particulière, relative à une parole singulière et à une circonstance spécifique. Montaigne éprouve que c'est dans ce rapport à la parole que se manifeste de façon privilégiée et visible (si on apprend à le voir) le rapport d'un être à la vérité. Cicéron, dont on admire la rhétorique (bien qu'elle soit au fond "mauvaise" parce que artificielle), ne peut dissimuler que "il n'y avoit pas beaucoup d'excellence en son ame" (415) ; il est une occasion particulièrement nette pour découvrir que le souci de la forme est avant tout éthique.

Nous voici maintenant près d'une définition plus large, aussi bien existentielle que formelle de l'essai. "Ce ne sont mes gestes que j'escris, c'est moy, c'est mon essence. Je tien qu'il faut estre prudent à estimer de soy, et pareillement consciencieux à en tesmoigner, soit bas, soit haut, indifferemment" (II, VI, 379, c). Ainsi l'écriture se présente-t-elle comme une entreprise, à chaque moment présent, pour ressaisir ce qui a toujours déjà échappé de l'expérience du monde, pour approcher, en le reprenant sans cesse, ce que de toutes façons on ne pourra jamais dire. Cette défaillance inévitable de la parole incite à une grande attention par rapport à l'expression, faute de quoi elle risque de se laisser prendre par les modèles tout faits, les expressions communes, l'inadvertance ou la pente à dire trop, ou trop bien. D'où cette âpreté et cette rudesse : "Revenant à la vertu parliere, je ne trouve pas grand choix entre ne sçavoir dire que mal, ou ne sçavoir rien que bien dire" (251, c), où l'on retrouve à très peu près une formule que Montaigne avait écrite dans la lettre-dédicace de sa traduction de la *Théologie naturelle* à son père, en juin 1568, "... des mots et du langage : marchandise si vulgaire et si vile, que qui plus en a, n'en vaut, à l'avanture, que moins" (Pléiade, p. 1361). Il ne s'agit pas ici, je crois, de dédain, mais de défiance dans un espace dont on a reconnu combien il était précaire et central, car le projet même des

Essais implique qu'on tente, avec des mots et du langage, de rejoindre l'expérience qui leur échappe par définition.

C'est ce lien à l'expérience qui donne à l'expression sa consistance, ou pour reprendre le mot de Montaigne, sa "matiere". Dans *Hommes représentatifs*, Emerson écrit : "La sincérité et la moelle de l'homme pénètrent jusqu'à ses phrases. Je ne connais nulle part de livre qui soit moins écrit. C'est le langage de la conversation transporté dans un livre. Coupez ces mots et ils saigneront : ils sont vasculaires et vivants". C'est en tous cas ce que Montaigne a souhaité faire.

CHAPITRE 6

PENSER LA LIMITE

Le monde est ce que nous voyons, il a été créé autour de l'homme et pour lui ; Dieu en a ordonné la disposition et réglé les hiérarchies, au sommet il a placé la créature par excellence, celle qu'il a faite à son image et à qui il a offert de participer à l'intelligence de la Création. De là vient qu'accomplissant sa nature, l'homme fidèle au projet divin peut, par l'exercice des facultés qui lui ont été données, approcher la vérité et retrouver l'harmonie du monde. En lui, la raison, semence de l'esprit, lui indique la voie de la connaissance vraie ; elle est en accord avec les desseins de Dieu, qui ne peut pas nous avoir trompés. Ainsi tout serait en ordre. Telles seraient, schématiquement, les propositions optimistes d'une théologie naturelle dans laquelle seraient soulignées les harmonies entre le monde, l'homme et Dieu, et où une réconciliation universelle serait possible.

Cette vision heureuse a du mal à résister au doute. Ou plus précisément à deux sortes de mises en question. L'une, classique et explorée depuis longtemps, appartient à la tradition philosophique, Sextus Empiricus notamment. L'Apologie de Raimond Sebond puise à pleines mains dans ce réservoir d'arguments sceptiques, dont la cible principale est l'illusion qui consiste à attribuer à la raison humaine le pouvoir de comprendre l'ordre du monde. Il est frappant que la plupart des formules qui viennent à Montaigne sur ce thème sont empreintes d'une ironie mordante, parfois acerbe ("Est-il possible de rien imaginer si ridicule que cette miserable et chetive creature, qui n'est pas seulement maistresse de soy, exposee aux offences de toutes choses, se die maistresse et emperiere de l'univers duquel il n'est pas en sa puissance de cognoistre la moindre partie, tant s'en faut de la commander", II, XII, 450), et l'accumulation même des arguments réunis pour rabaisser l'homme semble souvent excessive, en tous cas très âpre par rapport à la tonalité générale des *Essais*. H. Friedrich notait justement qu'on dirait une voix venue d'ailleurs, c'est même un des rares moments où Montaigne donne le sentiment de se laisser aller à un emportement qui cède à la rhétorique, comme une avalanche de phrases qui s'engendrent les unes les autres par leur propre poids, jusqu'à la condamnation absolue en forme de maxime désabusée et rédhibitoire : "la plus calamiteuse et fraile de toutes les creatures, c'est l'homme, et quant et quant la plus orgueilleuse" (452). Cet accent caustique marque sans doute une disproportion exorbitante entre la faiblesse et la présomption humaines, mais pourrait bien être aussi l'indice d'une grande difficulté : il n'est pas facile de renoncer à la capacité de la raison, et moins encore d'y être conduit par un raisonnement duquel on s'emploie en même temps à dénier les pouvoirs. Car s'il n'est pas simple d'accepter que notre pensée soit incapable de vérité, il est illogique de se fonder sur la pensée pour établir que la pensée ne peut fonder aucune affirmation. Difficulté psychologique et piège logique sont inextricablement liés, comme dans les "kôans" de la tradition bouddhiste. De là vient, me semble-t-il, l'emportement de Montaigne, comme s'il lui fallait mener jusqu'au bout l'entreprise d'abaissement, le constat d'impuissance, pour avoir une chance de se libérer. Au besoin en allant au-delà de ce qui serait une remarque suffisante, en cédant même à l'outrance, comme pour se contraindre à reconnaître qu'en lui-même aussi travaille sans cesse, insidieusement, le vain désir de certitude. Il est imaginable que l'extension démesurée de l'Apologie soit due (au moins en partie) au fait que Montaigne voit non sans irritation resurgir constamment, en lui-même aussi bien que dans les textes qu'il lit, cette pente à l'affirmation dont il a par ailleurs reconnu la nocivité essentielle, et qu'il faudrait éradiquer. Les *Hypotyposes pyrrhoniennes* auraient ainsi un rôle thérapeutique plus encore que proprement théorique : soigner la prétention à savoir en traquant les illusions dont elle se nourrit.

Cet exercice généralisé du doute selon la tradition pyrrhonienne s'apparente de près à une autre tradition, qui semble au premier abord éloignée de Montaigne, du moins des figures qu'on lui prête, lui le rationaliste ou le chrétien conservateur, je veux dire une certaine lignée de pères de l'Église et penseurs chrétiens, avec laquelle il faut avouer que les rapprochements précis sont moins explicites qu'avec la tradition antique. Deux textes au moins ont pu faire connaître à Montaigne une telle forme d'interrogation : l'*Éloge de la folie* d'Erasme, et de *De incertitudine et vanitate scientiarum*... de Corneille Agrippa qui s'acharne à démontrer que tout savoir est vain et que ce que les hommes appellent "science" est vide ; on y retrouve abondamment évoqué un texte biblique auquel Montaigne a lui aussi souvent recours, *L'Écclésiaste*, bien que cet écrit ne jouisse pas d'une bonne réputation dans l'Église ; on y remarque aussi que le scepticisme radical d'Agrippa semble avoir pour terme, au centième chapitre, de séparer ce qui relève du savoir humain, illusoire et vain, de ce qui serait la vérité de toute connaissance selon la parole de saint Paul : "...je ne suis pas venu pour vous annoncer le témoignage de Dieu avec le prestige du langage ou de la sagesse. Car je n'ai pas jugé que je dusse savoir autre chose parmi vous que Jésus-Christ" (I Cor., 2, 1-2). Or ces traits rencontrent des échos dans le texte de l'Apologie, en particulier dans l'exorde : "Toutefois je juge ainsi, qu'à une chose si divine et si hautaine, et supassant de si loing l'humaine intelligence, comme est cette verité de laquelle il a pleu à la bonté de Dieu nous esclairer, il est bien besoin qu'il nous preste encore son secours, d'une faveur extraordinaire et privilegée pour la pouvoir concevoir et loger en nous ; et ne croy pas que les moyens purement humains en soyent aucunement capables" (441). Ce serait considérablement réduire la portée de ces lignes que d'y voir une simple précaution oratoire en forme d'allégeance pieuse : car la proposition est en fait corrosive, elle souligne un changement d'ordre, une incommensurabilité entre les capacités humaines et la vérité, comme en témoignent les termes "si divine et si hautaine", "surpassant de si loing" ou "faveur extraordinaire". Elle est si corrosive qu'elle rend caduque toute tentative humaine pour interpréter la création selon l'ordre de la raison : "Or nos raisons et nos discours humains, c'est comme la matiere lourde et sterile : la grace de Dieu en est la forme ; c'est elle qui y donne la façon et le pris" (447). La théologie naturelle et ses propositions optimistes sont bien concevables en effet, mais cela ne signifie en aucune façon qu'elles soient vraies. Or le point capital tient précisément à la difficulté de reconnaître la "grace de Dieu", à l'incertitude nécessaire dans laquelle nous sommes maintenus à son égard. En sorte que c'est un témoignage de présomption et d'outrecuidance mortelles que de la supposer acquise. Nul discours humain ne peut se prévaloir de l'accord de Dieu. "Quoy qu'on nous presche, quoy que nous aprenons, il faudrait tousjours se souvenir que c'est l'homme qui donne et l'homme qui reçoit ; c'est une mortelle main qui nous le presente, c'est une mortelle main qui l'accepte" (563). En d'autres termes, l'entreprise théologique n'est qu'œuvre humaine, et si elle croit énoncer la figure du monde, c'est qu'elle oublie ce qu'elle est, de quoi elle est faite (des mots humains, une pensée d'homme), et qui la prononce. "Les choses qui nous viennent du ciel ont seules droict et auctorité de persuasion ; seules, marque de verité : laquelle aussi ne voyons nous pas de nos yeux, ny ne la recevons par nos moyens" (563). Ce qui est ainsi rappelé, c'est avant tout une barrière infranchissable entre l'irrémédiable erreur humaine et la Vérité selon Dieu.

L'Apologie se termine, rappelons-le, par trois pages traduites de Plutarque (*Sur le E de Delphes*) qui distinguent radicalement l'Être immuable non soumis au changement ("declinaisons, passages ou vicissitudes" 603) et les choses (dont l'homme) "subjectes à passer d'un changement en autre", mutation qui interdit toute connaissance sûre, "la raison, y cherchant une reelle subsistance, se trouve deceue, ne pouvant rien apprehender de subsistant et permanant, par ce que tout ou vient en estre et n'est pas encore du tout, ou commence à mourir avant qu'il soit nay" (601). Cette séparation entre l'être et le temps constitue la limite infranchissable qui borne nécessairement toute connaissance humaine et notamment lui interdit de formuler quelque proposition que ce soit au sujet de Dieu. "Nous n'avons aucune communication à l'estre, parce que toute humaine nature est toujours entre le naistre et le mourir, ne baillant de soy qu'une obscure apparence et ombre, et une incertaine et debile opinion" (*ibid*).

Assurément il s'agit d'une longue citation de Plutarque et non d'une autorité spirituelle de la tradition chrétienne, cela n'empêche nullement Montaigne de réunir les deux sources : "A cette conclusion si religieuse d'un homme payen..." (603). Ce qui est proprement "religieux", semble-t-il, c'est la reconnaissance de la disproportion entre les deux ordres. Le constat n'a pas la véhémence ni les accents ironiques et mordants qu'on rencontrait au commencement, mais il fixe fermement des limites qu'il est nécessaire de reconnaître.

Ces limites sont celles-là mêmes que trace ce qu'on désigne sous le nom de théologie négative, tradition spirituelle à laquelle Montaigne s'apparente de près. Tradition mal reçue par les autorités ecclésiastiques, sans doute parce qu'elle s'obstine à défaire les affirmations, à les ruiner pour laisser place à un vide (kenôsis) ; parce qu'elle aboutit au "détachement" (l'*Abgescheidenheit* de Maître Eckhardt). Sous d'autres noms, Montaigne y aboutit également, même si ce renoncement semble s'inscrire dans la continuité de Sénèque d'abord, puis, sous une forme modifiée, de Socrate. Rapprocher ces deux traditions peut paraître au premier abord incongru, peut-être est-ce pourtant moins arbitraire qu'on ne l'imagine. L'Apologie se termine par une évocation des bornes que ne saurait franchir l'homme livré à lui-même : "... il ne peut voir que de ses yeux, ny saisir que de ses prises. Il s'eslevera si Dieu lui preste extraordinairement la main : il s'eslevera, abandonnant et renonçant à ses propres moyens, et se laissant hausser et soubslever par les moyens purement celestes.

(c) C'est à nostre foy Chrestienne, non à sa vertu Stoique [celle de Sénèque] de prétendre à cette divine et miraculeuse métamorphose" (604). Ce qui s'ouvre ainsi à la réflexion est un espace de silence, un espace où Montaigne s'avise qu'on ne peut rien dire sans outrepasser les limites que notre incertitude radicale nous assigne. Mais ce silence n'est nullement acquis, tout au contraire il s'agit de le conquérir par un travail sur soi, et même par une lutte contre soi puisque sans cesse nous sommes portés à oublier de nous circonscrire à nous-mêmes, tentés de nous figurer plus de capacités que nous n'en avons, et donc d'expliquer, de chercher des causes, de trouver du sens. Ce mouvement spontané qui nous pousse au-delà de nous, Montaigne le nomme présomption, non pas seulement au sens moral, mais surtout au sens de jugement oublieux de sa limite : croire qu'on sait, ou qu'on peut savoir.

Lutter contre la présomption représente un véritable exercice spirituel, un éveil de chaque instant pour se déprendre des pouvoirs de l'affirmation. Il s'agit bien de déployer toute l'efficacité de la négation, non pas au sens de "dire que ne pas" qui serait encore une forme affirmative, mais au sens privatif "on ne peut affirmer que" (*ablatio*). Deux formules presque analogues expriment parfaitement cette difficile limite, ce renoncement :

"(b) Il se peut dire avec apparence, qu'(c) il y a ignorance abecedaire, qui va devant la science, une autre, doctorale, qui vient apres la science : ignorance que la science faict et engendre, tout ainsi comme elle deffaict et destruit la premiere" (I, LIV, 312).

"Voire dea, il y a quelque ignorance forte et genereuse qui ne doit rien en honneur et courage à la science, (c)ignorance pour laquelle concevoir il n'y a pas moins de science que pour concevoir la science" (III, XI, 1030).

A quoi on pourrait ajouter, qui les éclaire : "C'est par l'entremise de nostre ignorance plus que de nostre science que nous sommes sçavants de ce divin sçavoir" (II, XII, 500). Ces formules rappellent de près l'ouvrage de Nicolas de Cuse, la *Docte ignorance*, il est peu probable qu'il s'agisse d'une simple coïncidence. Le juste usage du savoir consiste à marquer sa propre inanité, et donc à maintenir ce que j'appelais plus haut un espace de silence.

Ainsi le monde peut-être, n'est-il pas ce que nous voyons (il peut nous manquer des sens pour le percevoir), son ordonnance échappe certainement à notre prise, de Dieu nous ne pouvons rien dire – ou plutôt il est illégitime de prétendre dire quoi que ce soit de Dieu. La "science de l'être en tant qu'être" ne relève pas de la compétence humaine, le discours humain ne peut avoir prise sur Dieu. "Il s'en faut tant que nos forces conçoivent la hauteur divine, que, des ouvrages de nostre createur, ceux-là portent mieux sa marque et sont mieux siens, que nous entendons le moins. C'est aux Chrestiens une occasion de croire, que de rencontrer une chose incroiable. Elle est d'autant plus selon raison, qu'elle est contre l'humaine raison", et un peu plus loin, "C'est à Dieu seul de se cognoistre et d'interpreter ses ouvrages" (II, XII, 499).

Aussi bien n'est-ce pas désormais en termes de connaissance que peut se poser la question de Dieu, mais en termes d'existence pratique. Le renoncement à connaître (à savoir) entraîne la réserve à décider, la réticence à choisir par soi-même en ces matières où l'on a parcouru avec insistance les limitations du jugement individuel. Par mesure conservatoire, puisque enfin il nous faut bien nous décider, le moins outrecuidant paraît de se conformer à la pratique actuelle du lieu où nous sommes ; cela ne préjuge en rien de sa valeur intrinsèque. Une telle attitude a suscité beaucoup d'incompréhensions ; tout ce qu'on nomme un peu vite le conservatisme politique de Montaigne se fonde sur une réflexion analogue : puisque nous sommes incapables de concevoir la forme du gouvernement juste, ni d'accéder à la vérité divine, mieux vaut s'en tenir à ce qui existe présentement pour éviter l'illusion de connaître ce que nous ne pouvons connaître. "Si me semble il, à le dire franchement, qu'il y a grand amour de soy et presomption, d'estimer ses opinions jusque là que, pour les establir, il faille renverser une paix publique, et introduire tant de maux inevitables et une si horrible corruption de meurs que les guerres civiles apportent, et les mutations d'estat, en chose de tel pois ; et les introduire en son pays propre" (I, XXIII, 120). Bien sûr la phrase vise les Réformés, mais sa portée ne se limite pas à eux, elle englobe chacun. Loin d'être une démission, une telle attitude apparaît comme une conquête difficile contre la prétention à savoir qui nous accompagne sans cesse et constitue en quelque sorte notre pente naturelle. Ce "preservatif", comme l'appelle Montaigne, n'a pas seulement une portée politique, historique ou sociale, il dresse une barrière à l'extérieur de nous, indépendante de nos pensées, au point précis où se produit ordinairement la confusion dans nos croyances. C'est en cela que les "orbieres" ou les "ornieres" de la loi commune et de l'usage nous sont utiles et profitables : elles nous déchargent d'une pensée que nous ne pouvons former légitimement, bien que nous en ayons sans cesse la tentation. "On a raison de donner à l'esprit humain les barrières les plus contraintes qu'on peut. En l'estude, comme au reste, il luy faut compter et regler ses marches, il luy faut tailler par art les limites de sa chasse" (II, XII, 559). Car nous sommes si vains et fragiles que nous sommes disposés à croire ce qui nous apparaît aujourd'hui et "ce que je croy, je le tiens et le croy de toute ma croyance ; tous mes utils et tous mes ressorts empoignent cette opinion et m'en repondent sur tout ce qu'ils peuvent. Je ne sçaurois ambrasser aucune verité ny conserver avec plus de force que je fay cette cy. J'y suis tout entier, j'y suis voyrement" (563), mais une si forte adhésion aujourd'hui n'est que l'oubli des adhésions d'hier et d'autrefois, qui furent aussi entières et pourtant ont dû, avec le temps, passer du statut de croyance à celui d'opinion (fausse) : "... tousjours la presente et la derniere c'est la certaine et l'infallible" (*ibid*). Cette emprise est si forte, et notre inconstance si irrémédiable, qu'il est préférable de placer hors de nous la règle à laquelle nous conformons notre pratique si nous voulons lui assurer une constance nécessaire. C'est à l'autorité et à l'usage de nous fixer nos règles, à nous de nous priver de la prétention à les discuter ("je ne suis pas capable de choisir, je prens le chois d'autruy" 569). Pour pousser jusqu'au bout la logique d'une telle attitude, on devrait dire qu'il en est des prescriptions de l'Église comme des lois auxquelles il faut obéir non parce qu'elles sont justes, mais parce qu'elles sont lois, "c'est le fondement mystique de leur authorité ; elles n'en ont poinct d'autre" (III, XII, 1072). Proposition scandaleuse et pourtant seule légitime intellectuellement, seule réaliste pratiquement, et féconde : elle dit que la règle quelle qu'elle soit à elle seule suffit.

Ce renoncement devant l'énigme de Dieu et les mystères de la pratique pourrait conduire à la tristesse et au découragement. Bien souvent d'ailleurs c'est ce qui arrive, soit sous le nom de mélancolie – où l'on retrouve un thème important dans la pensée du XVIe siècle, illustré notamment par la célèbre gravure de Dürer liée elle aussi au livre de Corneille Agrippa, soit sous le nom d'*acedia*, ce huitième péché qui emplit le contemplatif de dégoût, et le rend inerte comme la pierre, mort-vivant. Montaigne côtoie, parfois de près, cette expérience vertigineuse du désintérêt, et même s'il n'a pas eu en mains les textes de Bovelles *(De sapiente* ou *De nihilo),* certaines de ses formules s'en rapprochent de bien près. Or, par une disposition très surprenante, mais aussi très attendue et obstinément recherchée, dans son mouvement même vers le renoncement il rencontre un sol. Au lieu d'être une privation, l'incapacité à savoir, l'ignorance, définit un lieu humain, le lieu humain par excellence peut-être ; au lieu d'être un défaut, le changement qui est notre nécessité devient la caractéristique actuelle et effective de notre existence ; au lieu d'être perçue comme une renonciation à s'élever, l'humilité devient une force positive et réelle. Quitter les attentes illusoires permet de rejoindre un espace vrai où les déceptions ne menacent plus. Ce cheminement n'est pas sans rapport avec un exercice spirituel, on l'a dit, mais à la différence de ce qu'on entend habituellement par cette expression, il s'agit pour Montaigne de se circonscrire à soi : "La plus basse marche est la plus ferme. C'est le siege de la constance. Vous n'y avez besoing que de vous. Elle se fonde là, et appuye toute en soy" (II, XVII, 645). Ce fut d'abord exprimé sous la forme d'un impératif moral à l'ombre de Sénèque (voir "De la solitude", I, XXXIX, 240-1 notamment), c'est désormais une condition heureuse et lucide.

Ce qui est à notre portée, ou en tous cas de notre ressort, c'est la conduite purement humaine de notre vie. Être attentifs à nous-mêmes au jour le jour sans nous soucier des questions auxquelles nous nous sommes reconnus incapables de répondre, c'est-à-dire vivre notre présent d'hommes. "O que c'est un doux et mol chevet, et sain, que l'ignorance et l'incuriosité, à reposer une teste bien faicte" (III, XIII, 1073). C'est en adhérant à notre imperfection radicale que nous pouvons atteindre la plénitude de notre être. "C'est une absolue perfection, et comme divine, de sçavoir jouyr loiallement de son estre" (1115). Cette loyauté pourrait bien être la marque essentielle d'une foi singulièrement forte dans le présent actuel de l'existence. Au-delà règne la croyance, dont Montaigne a difficilement appris qu'il valait mieux se garder : "Les uns font accroire au monde qu'ils croyent ce qu'ils ne croyent pas. Les autres, en plus grand nombre, se le font accroire à eux mesmes, ne sçachants pas penetrer que c'est que croire" (II, XII, 442). Tenons-nous en donc à notre sol de maintenant.

CHAPITRE 7

L'*ACEDIA*

C'est la lecture d'un des derniers textes écrits, ou tout au moins publiés de son vivant, par Roger Caillois qui m'a conduit à reprendre d'anciennes perplexités dont j'ai eu soudain conscience que je m'en étais défait avec une certaine légèreté. *Trois Leçons des Ténèbres* (1978, Fata Morgana) recueille trois écrits brefs, dont le premier intitulé "D'après Saturne" a pour thème central la célèbre gravure de Dürer, "Melancolia I". Caillois y évoque avec insistance le *De Sapiente* de Ch. de Bovelles, il cite, en latin, une phrase qui a retenu son intérêt et qui a trait à la "pétrification" de l'homme solitaire. Ce qui ne surprend pas si l'on connaît à la fois la passion de Caillois pour le règne minéral et son tempérament personnel sombre, morose et souvent qualifié de "psychasthénique". Par une singulière coïncidence, le même éditeur publia au printemps 91 un travail ancien de Caillois, probablement (cela n'est pas mentionné dans l'ouvrage) un mémoire rédigé pour la IVème section de l'École des Hautes Etudes et consacré aux *Démons de midi*. On y retrouve tout un faisceau érudit de références antiques et patristiques qui se rapportent à la même interrogation mélancolique sur la vérité du savoir et de la raison, références qui constituent en grande partie l'arrière-plan (sinon le sol) de deux traités, le *De nihilo* et le *De sapiente*, de Bovelles, et indiquent m'a-t-il semblé une forme de questionnement dont on retrouve des traces dans l' "Apologie de Raimond Sebond", traces littérales bien sûr, mais davantage encore par les modes de raisonnement, les manières de penser ; comme si des réflexions s'étaient heurtées à un même type de difficultés et avaient été conduites à des solutions logiques analogues – au-delà des différences individuelles de point de vue et d'intention, car il s'agit bien, au départ en tous cas, d'une difficulté de la pensée logique conduite à des perplexités sans remède proches de celles que produisent les étranges thèses déconcertantes du *Parménide*, dont on se souvient qu'elles s'interrompent sur une proposition énigmatique : "Disons-le donc et ajoutons que, à ce qu'il semble, soit que l'un existe, soit qu'il n'existe pas, lui et les autres choses, relativement à eux-mêmes et les uns aux autres, sont absolument tout et ne le sont pas, paraissent tout et ne le paraissent pas. – (Aristote) C'est parfaitement vrai" (fin du "dialogue", Chambry, 166 c). "Voila un discours paradoxe", pourrait commenter Montaigne "... On estimera que tu dies à droit, ce que tu dis à feinte" (III, V. 875). Mais si j'évoque la fin du *Parménide*, je pourrais tout aussi bien citer Saint Paul, en particulier la 1ère Epître aux Corinthiens (18. 31) qui renverse les couples opposés : sagesse-folie, faiblesse-puissance, "Car la folie de Dieu est plus sage que les hommes, et la faiblesse de Dieu plus forte que les hommes" (25), renversement repris en particulier par Erasme dans son *Eloge de la folie* notamment au ch. LXIII. Les deux passages sont bien connus, et, me semble-t-il représentent une sorte de matrice logique qu'on voit à l'oeuvre dans des domaines et des formes d'écriture apparemment très hétérogènes, de la poésie amoureuse à la littérature polémique, de la tradition carnavalesque à l'apologétique et à la théologie. Un usage aussi constant et répandu suggère qu'il ne s'agit pas d'une complaisance pour les subtilités (même si, parfois, la virtuosité de jongleries logiques joue un rôle non négligeable), mais d'une forme dans et par laquelle s'éprouve (s'essaie) quelque chose de fondamental, constitutif non seulement du fonctionnement de l'esprit mais aussi de la condition humaine.

Revenant donc, avec l'éclairage que leur donne Caillois, aux deux textes de Bovelles, et d'abord au *De nihilo*, j'ai été conduit à y retrouver deux motifs concurrents, l'un classique, qui pose, et soutient, l'affirmation de Dieu en tant qu'être, l'autre, plus malaisé à suivre, qui fait cheminer dans les propositions le pouvoir critique de la négation. A dire les choses plus précisément, il n'y a pas *la* négation, mais au moins deux, qui correspondent à deux termes latins distincts, "negatio" et "ablatio", le premier renvoyant à une négativité essentielle, et si l'on peut dire positive, le second à une négativité privative qui rejette les unes après les autres des nominations ou déterminations successives.

Quoi qu'il en soit, ces deux motifs (affirmation et négation) servent deux théologies très différentes. L'une est déductive : de Dieu en tant qu'être, on descend à la création en une construction hiérarchisée, ordonnée logiquement selon une échelle des êtres graduée suivant la quantité d'être dont chacun se voit affecté. La tradition est ancienne, et même si elle repose en grande partie sur une exégèse des symboles bibliques, elle utilise les moyens du corpus philosophique classique en distinguant les attributs intelligibles et en les disposant selon un ordre de dignité décroissante. Ce mouvement à la fois déductif et descendant explique qu'on ait appelé cette théologie "méthode (ou voie) cataphatique" (ou affirmative) ; et elle n'est envisageable que si l'ordre de la création est compatible avec les catégories philosophiques de substance et d'attribut, de Bien, de Beau, de Perfection, etc... La seconde, au contraire, est ascendante, on dit aussi anagogique, elle s'emploie à "dégager Dieu de ces mêmes attributs intelligibles en remontant des plus humbles aux plus nobles" (R. Roques, Introd. à Denys l'Aréopagite, *La Hiérarchie céleste*, Sources chrétiennes, p. XXV-XXVI). Ce mouvement de rejets successifs permet de comprendre le nom qui désigne une telle entreprise : théologie "apophatique" (ou négative) ; la puissance négative y a en effet pour rôle essentiel de marquer l'indépendance de Dieu par rapport à sa création, de reconnaître son altérité radicale en regard du raisonnement humain. Si Dieu, en effet, est l'Être, il n'en échappe pas moins à la catégorie ontologique "être". On retrouve une démarche de ce type dans le commentaire de maître Eckhart sur le *Ego sum qui sum* de l'Exode, et, beaucoup plus nettement dans les *Sermons*. En d'autres termes Dieu est inaccessible au discours ; si l'on peut dire, son mystère résiste à la pénétration humaine.

Ces deux voies paraissent incompatibles, et même exclusives l'une de l'autre. Ce n'est pourtant pas le cas, ni chez Denys, ni chez Nicolas de Cues, ni chez Bovelles où elles coexistent d'une manière très remarquable. On note, dès le début du *De nihilo*, la proposition suivante : "Le néant échappe au tout de l'être. Il en résulte que de cette proposition "le néant n'est rien", il y a deux lectures, l'une négative, l'autre affirmative et positive. Toutes deux cependant relèvent de la même vérité et sont équivalentes. Ou bien en effet en disant que le néant n'est rien, on fait entendre que le néant n'est nul être, c'est-à-dire que tout être est quelque chose ou si l'on veut un être quelconque. Ou bien on dit que tout être est un être, c'est-à-dire que tout être est quelque chose ou si l'on veut un être quelconque. Et celui qui profère l'une et l'autre assertion est sincère et véridique" (chap. I, trad. P. Magnard, Vrin, 1983, p. 41). Au commencement du texte, le "néant" apparaît ainsi comme grevé de posivité. Mais sa définition ici presque substantielle change au cours du texte, il devient peu à peu un opérateur logique dont l'efficacité d'application va se restreindre en même temps que sa fonction va devenir plus importante : "A partir de Dieu en effet nulle chose n'est affirmée ni posée dans l'être, à partir du néant en revanche toutes choses sont posées ou déduites. Inversement toutes choses sont niées à partir de Dieu qui est leur fondement naturel. A partir du néant en revanche on peut inférer l'existence de toutes choses, bien que le néant ne soit rien, la négation de toutes choses, le non-être. A partir de l'affirmation on supprime tout, à partir de la négation on fonde tout" (chap. IX, p. 111). La proposition étonne, tant elle prend apparemment le contre-pied de la positivité initiale. Entre temps, Bovelles a examiné la question de la durée, définie selon quatre modes : l'éternité, l'âge (demi-droite), le temps (segment de droite) et l'instant (point) ; et l'opposition entre infini (Dieu) et fini (création). Le terme qu'il a rencontré est "improportionabilis", "sans proportion" – on retrouvera la "disproportion" dans l'apologétique pascalienne. Et ce faisant, il est passé d'une opposition entre être et non-être en soi (en tant qu'entités) à une opposition dans le discours, et selon un certain ordre – ou, si l'on préfère, d'une logique absolue, universelle, à deux termes (affirmation-négation, être-néant, nécessaire-contingent), à une logique "restreinte" ou relative dans laquelle la détermination des entités et des catégories dépend de l'ordre dans lequel elles sont envisagées et donc les entités vont changer du pour au contre selon le point à partir duquel elles sont considérées. Ce qui revient à dire qu'une logique statique a laissé la place à une logique mobile qui détermine des relations entre éléments plus que la signification d'un élément en soi. Dès l'instant où l'ordre du discours se distingue de l'ordre de la nature, tout est en place pour un tel relativisme. Bovelles écrit : "En effet, selon l'ordre du discours et du syllogisme toute réalité est inférée, conclue et établie à partir de la supposition du néant et non-être. Si en effet l'on suppose l'existence du néant *et* non-être, aussitôt toutes choses doivent être fondées en réalité. L'être divin en revanche qui, selon la nature, a engendré toute réalité, ne produit rien selon l'ordre de l'entendement et du discours. Si l'on dit en effet que Dieu existe, l'on ne pourra en déduire légitimement la réalité de toutes choses. L'être (trad. modifiée) divin qui, selon l'ordre naturel, est toute fécondité, selon l'ordre de l'entendement et du discours est infécond. Le néant en revanche, infécond selon la nature, s'avère très fécond selon le discours" (*De nihilo*, ch. IX, 113).

Le renversement entre ces deux logiques se produit en un point précis : l'homme, qui se trouve à la fois placé au sommet de la création par sa "ressemblance" avec Dieu selon l'ordre du discours et renvoyé à son insignifiance, à sa vanité, à sa contingence radicale au regard de l'ordre divin. Dans le *De sapiente*, Bovelles recourt à la métaphore du miroir : l'homme y est bien posé comme renvoyant une image du firmament, mais il est dit "miroir grossier, brut, infidèle, confus, imparfait, vide et dépourvu de tout reflet" (chap. XXVI, p. 181) ; il est bien "spectateur de l'univers", mais un spectateur en puissance, ce qui revient à dire qu'il doit se reconnaître lui-même comme tel pour trouver le chemin de la connaissance véritable (Bovelles emploie une formule à la fois belle et étonnante, il parle d'une "courbure de l'être sur lui-même, un retournement, un mouvement circulaire", chap. XXVIII, p. 187). Si les identités sont fixées au regard de l'ordre divin, elles ne le sont pas pour l'ordre du discours humain, et il faut à l'homme se mettre en quête des signes sensibles, manifestant ce que l'oeil ne voit pas, ce que l'oreille n'entend pas. Mais la dissymétrie est telle, la disproportion si radicale, qu'inévitablement ce à quoi il aboutit est la reconnaissance de sa limitation par son appartenance au monde sensible[1] – connaître véritablement, c'est reconnaître la disproportion des ordres entre l'obscurité humaine et l'absolu inconnaissable de Dieu, c'est-à-dire deux définitions négatives. En sorte que la seule attitude possible de l'homme en face du mystère de Dieu est un parcours des limitations de la pensée, une épreuve de ce qu'aucune des déterminations positives que l'esprit peut concevoir ne saurait jamais convenir. Le *De nihilo* s'achève ainsi : "Donc la très vraie, très haute et achevée théologie est celle-ci, savoir que l'on ne peut connaître Dieu, savoir qu'il est inconnaissable, tant inaccessible au regard de notre esprit qu'invisible à nos yeux de chair, transcendant toutes choses, se cachant dans la nuit et son obscurité sans fond, ineffable, inintelligible, de lui seul parfaitement connu et perçu tel qu'il est et à lui seul présent. Cette ignorance de Dieu est communément appelée par la plupart docte ignorance et connaissance par excellence. Si en effet on cherche Dieu du regard – dit saint Denys – on saisit ce que l'on voit ; ce n'est pas Dieu lui-même, mais quelque chose de lui que l'on a sous les yeux, quelque chose de ce qui tombe sous notre

---

[1] voir *De Sapiente*, chap. L, p. 307.

connaissance. Cependant du fait même qu'il n'est dit ni être ni être aucunement connu, son être passe tout être et sa connaissance tout esprit et toute intelligence. Cette ignorance supérieure et achevée est la véritable connaissance de ce qui dépasse tout le connaissable" (chap. XI, trad. P. Magnard, p. 133). Ainsi pourrait en effet se définir la voie mystique[1].

Il est très frappant que cette "voie" théologique trouve un écho quasiment littéral dans les *Essais*, bien sûr dans l'"Apologie", mais surtout elle dessine un cheminement de pensée sans cesse en mouvement car sans cesse amenée à reconnaître l'inadéquation de ses formulations et donc conduite à perpétuellement reprendre son exercice.

Or cette notion même de mouvement incessant de la pensée, si elle convient à une interprétation privative progressive de la négation (*per ablationem*), risque en revanche d'achopper devant une vue plus radicale, plus désespérée. L'exercice de la pensée n'a de sens que si on se résigne à la limite sans pour autant renoncer à la réflexion, même si on en connaît d'avance la vanité. La disproportion radicale, dans ce cas, n'entame pas le désir de connaître. Il peut se produire, en revanche, qu'un tel constat affecte la capacité même de penser. C'est ce que la tradition a désigné sous le nom d'*acedia*. Au chapitre I du *De sapiente*, Bovelles dresse un tableau de la création, repris en grande partie des premières pages de la *Théologie naturelle* de Sebond (dit aussi *Livre des créatures*) : Les êtres y sont disposés, conformément à une théologie affirmative, selon une hiérarchie croissante en fonction de leurs facultés (voir figure) à

1 Mes réflexions on été guidées par le travail de Stanislas Breton, *Deux mystiques de l'excès ; J. J. Surin et Maître Eckhart*, Cerf 1985, *Saint Paul*, PUF, 1988, *Rien ou quelque chose*, Flammarion, 1987, *Philosophie buissonnière*, Jerôme Millon, 1989 (en part. chap. 9).

De quattuor hominum gradibus (p. 60)

savoir l'être, le vivre, le sentir et le comprendre, l'homme sage qui dispose de ces quatre facultés peut aussi les renier en succombant à la sensualité, à la goinfrerie ou enfin, stade ultime, à l'inertie : P. Magnard traduit, "Dernière de toute(s), la paresse met l'homme au dernier rang et le rend semblable aux pierres" (Chap. I, p. 61). L'*acedia* est ainsi le pire des péchés, celui par lequel l'homme succombe au néant jusqu'à s'identifier à lui. Et, selon la tradition, à l'heure dangereuse de midi, heure de la plus grande lumière certes, mais aussi heure mortelle où, au moment même où le soleil commence à décliner, les puissances des ténèbres sont souveraines et l'assoupissement redoutable (on se rappelle l'avertissement de Socrate à l'heure où bruissent les cigales, *Phèdre*, 259). On retrouve une condamnation analogue aussi bien chez Clément d'Alexandrie, Denys, Jean Scot Erigène ou Climaque. L'*acedia* est alors une maladie de l'âme qui emplit de tristesse et de désespoir, elle conduit à la mort. C'est probablement pourquoi Bovelles la place ici au plus bas de l'échelle des êtres.

Mais les termes mêmes qu'il emploie attirent l'attention.

Les hommes atteints d'*acedia* sont dits "profondément déraisonnables dans leur raison même, insensibles dans leur sentiment, inanimés, déjà morts et stériles dans leur vie, oisifs, inertes et immobiles en leur être" (*ibid.*). Assurément ces expressions sont péjoratives, elles condamnent sans équivoque une dénaturation de l'homme : mais c'est à la condition que la nature de l'homme soit en effet d'être raisonnable, sensible, animé, actif, etc..., autrement dit que les déterminations positives de l'essence humaine soient valides. Or, on l'a vu dans le *De nihilo*, rien n'est moins établi. Il n'est pas impossible d'imaginer un renversement, selon lequel il serait au contraire tout à fait chrétien conformément à la parole de Saint Paul, d'être déraisonnable, insensible, oisif, etc... (qu'on se rappelle par exemple les propos pauliniens sur le mariage[1]). La description "catastrophique" de l'homme atteint d'*acedia* pourrait peut-être convenir pour l'ascète parvenu à faire en lui le "vide parfait" où Dieu pourrait occuper toute la place. De la même façon, rejoindre la pierre pourrait tout à fait être une métaphore de l'humilité, au sens étymologique. Ces inflexions ne figurent certes pas dans le mouvement du texte, et en particulier dans cette ouverture du traité "du sage". Elles sont pourtant loin d'être étrangères à la pensée de Bovelles, quelle que soit la force d'ébranlement dont elles sont porteuses pour une conception affirmative de la création. C'est que l'*acedia* est une notion moins simple, moins univoque qu'il n'y paraît d'abord : dans son sens de "tristesse coupable" elle est un péché à l'intérieur d'une théologie affirmative ; mais dans une autre conception, elle s'apparente aussi à la "mélancolie" et au détachement qui sont loin d'être des forces du mal. Dans le sens de "mélancolie", elle évoque, bien sûr, la gravure de Dürer (voir R. Klibansky, E. Panofsky et F. Saxl, *Saturne et la Mélancolie*, trad. fr. Gallimard, 1989) qui compose un ensemble complexe – source d'innombrables commentaires – dont notamment, pour la position de la figure féminine, des bois gravés représentant "Acedia". Il est très remarquable que les exégètes de Dürer aient relevé une étroite convergence entre la mélancolie et la représentation de saint Paul (*op. cit.*, p. 574-583). L'*acedia* ne serait ainsi pas tellement éloignée de cette disposition de l'âme qui caractérise le saint.[2]

---

1 Voir I, Corinthiens, 7, 25-40

2 Voir notamment II, Corinthiens, 11

Plus encore : dans son sens de "désintérêt pour le monde", cette notion ressemble de très près à une des vertus contemplatives essentielles que Maître Eckhart nomme "Abgescheidenheit", et qui désigne le retranchement, la séparation et l'isolement (jusqu'à l'isolement définitif, la mort). Ce n'est pas une vertu facile ni souriante : pour s'unir Dieu, dit le spirituel rhénan, "l'animal le plus rapide qui nous conduise à cette perfection, c'est la souffrance, car personne ne goûte davantage la douceur éternelle que ceux qui sont avec le Christ dans la plus grande amertume. (...) Le fondement le plus solide qui puisse soutenir cette perfection est l'humilité, car celui dont la nature rampe ici-bas dans l'abaissement le plus profond, de celui-là l'esprit s'envole dans les hauteurs suprêmes de la divinité..." (*Traités*, trad. J. Ancelet Hustache, p. 171). Assurément, détachement et abaissement ne coïncident pas strictement avec l'*acedia*, mais ces termes indiquent une voie par où le retranchement du monde et le dégoût pour les choses terrestres peuvent mener à l'extase, qui est d'abord et avant tout sortie de soi (le "soi" de l'homme dans le monde) vers un "ne rien vouloir", un "ne rien savoir" et un "ne rien avoir". Là où, en revanche, les inflexions diffèrent radicalement, c'est en ceci que, même douloureux, le détachement d'Eckhart est joie, là où l'*acedia* de Bovelles confine au désespoir d'être. Mais elles diffèrent comme les deux faces d'une même disposition qu'on verrait par deux abords opposés, c'est-à-dire qu'il faut, pour bien les considérer, les saisir "*judicio alternante*" (sentence de la librairie de Montaigne). L'*acedia* est bien susceptible d'un renversement du pour au contre, comme le néant, nous l'avons vu ; c'est même un lieu privilégié pour ce mouvement de bascule, dont on retrouve trace, par exemple, dans la dialectique de l'orgueil et de l'humilité ("... au lieu de se transformer en anges, ils se transforment en bestes ; au lieu de se hausser, ils s'abattent" III, XIII, 1115 ; on sait ce qu'en a tiré l'apologétique pascalienne). L'échelle des êtres que propose Bovelles peut aisément passer pour donner une image outrecuidante, présomptueuse, de l'homme (voir "Apologie" 452). C'est ainsi qu'il écrit un traité *Du sage*, dont l'ambition se limite à un portrait idéal de l'homme confiant dans les pouvoirs de la raison : "Conforme-toi à la raison, dans la raison demeure. Tiens bon, ferme en ton assiette, prenant appui sur ce qui est. Mange ce qui vit. Domestique ce qui est animé. Sois maître de toi-même" (chap. LI, p. 309). Cette confiance ne va pas tarder à vaciller, rongée par la ténèbre qui va progressivement envahir le paysage tout entier et limiter de façon rédhibitoire l'exercice du discours positif. Le sage va laisser place au saint, ou au "petit homme" ; la connaissance établie et possédée au désir de connaître – ou, pour reprendre les termes de Montaigne, la "prise" à la "chasse". Mais, pour un moment encore, les forces positives, stables, habitent un monde harmonieux ; elles semblent, dans ce traité, briller de leur ultime éclat.

C'est ce moment vertigineux que lit Caillois dans la gravure de Dürer : "Aidé par la chance, la patience et la pensée, le cuivre de Dürer, après mille emboîtements aléatoires de carrefours, de péripéties, de relais, prolongeait, exaltait dans l'univers humain, à l'autre extrémité du monde, une vide rencontre d'emblèmes latents, que rien n'avait destiné à exprimer quelque chose" (p. 26). Le discours y est exposé à ce qui à la fois le révèle et le subvertit, et la représentation tente de figurer ce qui désigne sa radicale vanité.

TABLE DES MATIÈRES

Lire les Essais a été d'abord publié aux Editions Maspéro en 1979. Les autres textes ont fait l'objet de publications séparées dans des Actes de colloques ou dans des revues. L'auteur remercie les directeurs de publication de l'avoir autorisé à reprendre ces textes.